Widukinds Sakserkrønike

Widukinds
Sakserkrønike

Oversat af J. P. Jacobsen

Otto den Stores signatur

Widukinds Sakserkrønike
Widukind
Oversættelse: Jacob Peter Jacobsen
ISBN NR: 9788743047117
© 2022 www.heimskringla.no
Forlag: BoD – Books on Demand, Hellerup, Danmark
Tryk: BoD – Books on Demand, Norderstedt, Tyskland
Første udgave: Widukinds Sachserkrønike, 1918
Genudgivelse: 2022
Heimskringla Reprint.
Ansvh. red.: Carsten Lyngdrup Madsen
Omslag: Otto den Stores segl
www.heimskringla.no

Indhold

Indledning

Naar Widukind taler om Sachsen, tænker han paa noget helt andet end det Landomraade, der i nyere Tid bærer Navnet Sachsen, og som paa Widukinds Tid for største Delen slet ikke var tysk Land men beboet af de vendiske Stammer, som netop var Sachsernes Fjender. Widukinds Sachsen er det af den sachsiske (nedertyske) Folkestamme beboede Land, der begrænses af Friesland, Rhinen, Elben, Saale og, mod Syd, Thüringernes Land, et Omraade paa vistnok o. 3000 □ Mil. De gamle Sachsere var den af de tyske Stammer, der senest kom ind i det fælles-europæiske Kulturliv, som det frankiske Rige og den romerske Kirke-organisation lagde Grunden til. Efter at den tyske Folkestamme Fran-kerne under Høvdingen Chlodvig (o. 500) havde sat sig fast i Gallien, udgik fra dette ny Frankerrige (Frankrig) under de merovingiske og karolingiske Konger Erobringen af de andre gamle tyske Stammers Lande. Allemanerne eller Schwaberne maatte underkaste sig allerede i Chlodvigs Tid, og kort derefter Thüringerne (o. 530). Frieserne kue-des i langvarige Kampe af den ældre Pippin, Karl Martel og Karl den Store, Longobarderne og Bairerne af Karl den Store i Slutningen af 8. Aarh., men de to sidstnævnte Folk, især da de romaniserede Longo-barder, var alt i Forvejen komne under Kirkeorganisationens Indfly-delse. Sachserne levede lige til Karl den Stores Tid fuldstændig afson-drede og under samme primitive Forhold som Germanerne i det Hele paa Tacitus's Tid. De plyndrede og røvede paa Frankerrigets Grænser, og de var Hedninger. Da Karolingernes Politik var i høj Grad kirkelig bestemt, og Kongernes Raadgivere og Hjælpere saa godt som alle var kirkelige Embedsmænd, Bisper, Abbeder, eller dog kirkeligt, oplærte — fordi der ikke gaves nogen Dannelse uden den kirkelige — var der Grunde nok for Karl den Store til at gaa imod Sachserne. En 30aarig grum og blodig Krig hærgede deres Land; om en samlet og organiseret Modstand kunde der under de primitive Samfundsforhold i Sachsen ikke være Tale; kun Widukind naaede til Tider at faa samlet en anseligere Styrke, men i 785 »underkastede Ophavsmanden til alt ondt, den troløse Rænkesmed (ɔ: Widukind), sig under Kongen og modtog Daabens Naadegave« (Einhart); Aarhundredet ud gjordes hvert Aar nye Tog, og hver Gang førte Karl sachsiske Familier bort med sig og gav frankiske Krigere Jord i Sachsen. Karls Sejr betød, at Sachserne nu maatte indordne sig under Frankerrigets Samfundsformer; der oprettedes Grevskaber i Sachsen, der udstedtes en Mængde Love, mest nye Tvangslove med haarde Straffe for Ulydighed og Oprør — men først og fremmest: den romerske Kirkeorganisation indførtes, den der overalt i Vesteuropa, baade i de gamle romerske Lande, som de tyske Barbarer ved Folkevandringen havde gjort sig til Herrer over, og i de Lande, der aldrig havde hørt ind under Romerriget, opretholdt i hvert Fald nogle om end kummerlige Rester af den romerske Statskunsts Grundsætninger. Det var ved nøje Samvirken med den, at de første Karolinger, selv fremragende Personligheder, naaede foreløbig at stanse den Samfundsopløsning, der var begyndt i Romerrigets gamle Lande fra det Øjeblik, da Barbarerne gjorde sig til Herrer dér, og i de rent tyske Lande at skabe forholdsvis fredelige og ordnede Tilstande. Ogsaa i Sachsen blev den romerske Kirkeorganisation det vigtigste Middel til at fremme Folkets Tilvænning til den karolingiske Styrelse og dets Sammensmeltning med de andre tyske Stammer. Men »Rigsenheden«, hvis man kan bruge dette Ord om noget saa løst sammenhængende som det karolingiske Storrige, og Stamme-Eningen fik ikke Tid til at fæstnes og udvikle sig; den savnede alle nødvendige indre Forudsætninger; det var de første Karolingers store Personligheder, deres Held og Autoritet, der med Kirkeorganisationens Hjælp havde stanset selve Opløsningen. Opløsningens Aarsager, de barbariske Instinkter, Ubændigheden, Manglen paa Samfundssans, virkede paany efter deres Natur, da den sidste af de store Karolinger, Karl den Store, faldt bort. Delingskrigene i 9. Aarh. og nye Barbarers, Normannernes, Ungarernes og Saracenernes Røvertog virkede yderligere opløsende og barbariserende. Det 10de Aarhundredes Tyskland er et Begreb, der kun eksisterer i senere Tiders Forestillinger. Widukind nævner vel Ordet Tyskland (Germania) fem Gange, men det er for ham en lærd Glose; i Virkeligheden kender han kun Sachsere, Thüringere, Bairere o. s. v., og endda er der indenfor hvert enkelt af disse Folk, ogsaa i hans kære Sachsen, en grænseløs Opløsning, en Mangel paa Evne til at underordne sig fælles Ledelse og til at styre Drifter og Lidenskaber, som træder grelt frem i den trohjertede Munks Skildring, der egenlig aldeles ikke lægger an paa at fremhæve disse Ting, snarere synes at finde dem selvfølgelige og naturlige.

En Frugt af den romerske Kirkeorganisations Indførelse i Sachsen var Grundlæggelse af Klostre. Karl den Store ønskede Sachsere som Kristendomslærere for Sachserne, og mange af de bortførte sachsiske Fanger og Gisler fordeltes derfor til frankiske Klostre for der at modtage den nødtørftigste Oplæring. En Del blev sendt til Klostret Corbie ved Amiens (Benediktinerkloster, stiftet 662). Abbed var her ved Tiden o. 800 en Mand af kongelig Byrd, *Adalhart*, Søn af Pippin den Lilles Broder Bernhart, der var gift med en *sachsisk* Kvinde. Adalhart — og hans Broder *Wala*, hvem Karl betroede Styrelsen af Sachsen — var, allerede i Følge Afstamning, ivrige for den sachsiske Mission, og Adalhart havde da ogsaa Planer om at grundlægge et Kloster i Sachsen, sagtens med Hjælp af de ham betroede sachsiske Fanger, men han blev afsat af Ludvig den Fromme. Broderen Wala blev kaldt bort fra Sachsen og blev Munk i Corbie og drev herfra ivrig paa Oprettelsen af et Kloster i hans Moders Hjemland; en uanselig Munkebolig, en »Celle« blev ogsaa bygget 815, men først efter at Adalhart igen havde vundet Indflydelse hos Ludvig den Fromme, fik Sagen rigtig Fremgang. Kejseren skænkede en Kongsgaard, Høxter, i Vestfalen, og her byggedes 822 et Kloster, der kom til at hedde Ny Korvei (efter Moderklostret Corbie). Adalhart ledede Klostret til sin Død 826, og Lærer ved Klosterskolen blev den unge Ansgar, der fulgte med fra Corbie. Adalharts Efterfølger som Abbed blev Warin, en Mand af karolingisk Æt, (»derfra Ridder blev Munk«, Widukind III, 2). Under ham var det, at Saint-Denis-Abbeden Hilduin i 830, forvist af Ludvig den Fromme, kom til Ny Korvei. Til Tak for den venlige Modtagelse, han havde faaet af Warin, sendte han senere, da han igen var vendt hjem, det sachsiske Kloster Sankt Vitus's dyrebare Relikvi, hvorom Widukind taler saa meget (I, 33—34). Vitus blev Sachsernes Værnehelgen, der sikrede Folket Lykke og Fremgang. Ny Korvei blev ved Besiddelsen af denne Helgen det fornemste — ligesom det var det ældste — Kloster i Nordtyskland, og her dyrkedes da ogsaa boglig Syssel efter ringe Lejlighed — Paaske- tavler med spredte Optegnelser, der senere udvikler sig til Annaler; af Abbed Bovo I (879 -890) en Skildring af samtidige Tildragelser, bl. a. af Normannerslaget 884, benyttet af Adam af Bremen (I, 41); om Abbed Bovo II (900—916) fortæller Widukind (III, 2), at han vakte Beundring ved at kunne forklare Kong Konrad I et græsk Brev, — men tarveligt og barnligt er det altsammen. I de ulykkelige, utrygge Tider var der intet, der opfordrede til litterær Syssel udover det for Klostrets indre Liv nødvendige. At en folkelig kristen Mission har virket udenfor Klostrene og stræbt at indplante nogle ikke altfor fremmedartede Forestillinger om den ny Kirkelære i Sachsernes Sind, har vi et overordenligt interessant Vidnesbyrd om i det oldsachsiske Kvad Heliant fra det 9.

Aarh., en episk Fremstilling af Kristi Liv i den gamle Folkedigtnings Stil og Aand. Men den sachsiske Kristus havde neppe meget at gøre med Klosterreligiøsiteten.

Ved Midten af 10. Aarh. bedres Forholdene imidlertid. De kraftige sachsiske Konger Henrik og Otto I evnede nu og da at samle Folket til fælles Opgaver. Især virkede Sejrene over Ungarerne 933 og 955 opmuntrende og løftende, og heldige Kampe mod de hedenske, slaviske Naboer kunde forsone i hvert Fald fromme Klosterfolk med Stormændenes ubændige Selvraadighed, der neppe var mindre ødelæggende nu end før. I de sachsiske Klostre fremkalder Sachserkongernes Bedrifter en før ukendt litterær Virksomhed. I Gandersheim, Kongeslægtens (Ludolfingernes) særlige Kloster, hvor Otto I's Broderdatter Gerberga var Abbedisse 959—1001, skrev, paa hendes Opfordring, den lærde Nonne Hrotsvith, den berømte Forfatterinde af de 6 Legendekomedier, et Heltedigt til Kejserens Pris (967), et Slægtsepos, der bygger paa mundtlige Meddelelser fra Kongeslægtens Medlemmer. I Quedlinburg, stiftet af Dronning Mathilde, Henrik I's fromme Hustru, var Otto I's Datter Mathilde den første Abbedisse (966 — 99). I hendes eget nylig grundlagte Kloster kunde der ikke lige straks skabes et Bogværk som i Gandersheim, men senere hen forfattedes her delvis meget gode Aarbøger, Quedlinburgannalerne. Det vigtigste historiske Arbejde i 10. Aarh. fremkom dog i selve Ny Korvei, hvor Munken Widukind skrev sin Sachserkrønike; men ogsaa dette Værk er sikkert fremkommet efter Tilskyndelse fra Kongeslægten; i hvert Fald er det tilegnet den ungdommelige Abbedisse i Quedlinburg. Den sachsiske Historieskrivning i 10. Aarh. er i høj Grad præget af Klostrenes og Forfatternes nære Forhold til Kongeslægten. Ogsaa Widukind er opfyldt af den dybeste Ærbødighed mod sine høje Herrer og Velyndere — mindst tiltalende fremtræder denne Ærbødighed i hans Tilegnelse til Prinsesse-Abbedissen, der med sine 12 Aar — hun var født 955 — dog neppe kan have haft Lejlighed til at udfolde alle de herlige Egenskaber, for hvilke den ydmyge Munk priser hende — men han indskrænker sig dog ikke til at skildre Henrik og Otto alene, idet han medtager hvad han ved om Sachserfolkets ældre Historie.

* * *

Om Widukinds Liv vides meget lidt, udover hvad der fremgaar af Sachserkrøniken selv. Han var Sachser og Munk i Ny-Korvei, hvor han blev optaget, mens Folkmar var Abbed (917—42), sandsynligvis o. 940. Om hans Forældre, hans Barndom og Ungdom vides intet; heller ikke hans Dødsaar kendes; vi ved kun, at han overlevede Kejser Otto I, der døde 973. Det meste af Sachserkrøniken skrev han før 967 eller 968, men tilføjede senere enkelte Ting, deriblandt Skildringen af Otto I's Død. Før han begyndte paa Sachserkrøniken, havde han bearbejdet et Par Helgenlegender, men disse Arbejder er gaaet tabt.

Sachser og Munk. Disse to Egenskaber bestemmer hans Synskres og Opfattelse.

Han er først og fremmest Sachser. Hans Synskres rækker ikke ud over Sachsen. Hvad der foregaar eller er foregaaet i Frankrig, Italien, Byzans, har han enten slet ingen eller højst forvirrede Forestillinger om; Navne og Aarstal forveksles atter og atter. Hans Omtale af Otto II's Giftermaal med den byzantinske Prinsesse Theofano (III, 71 og 73) er i sin Ubehjælpsomhed og Tilfældighed yderst betegnende for hans Interessers Sneverhed, hans ringe Viden og Skønsomhed (dobbelt iøjnefaldende naar hans Fremstilling sammenlignes med den samtidige Biskop Liudprands livlige, anskuelige og lærerige Skildring). Heller ikke Rom og Italien interesserer Widukind, hvad der er saa meget mere paafaldende, som Otto I's Politik dog i saa høj Grad var rettet mod Syd. W. nævner ikke en eneste Pave ved Navn, og Paven omtales overhovedet kun et eneste Sted (III, 76 — samt i det af W. gengivne Brev fra Otto

12

I (III, 70), det eneste Aktstykke han i det hele har benyttet). Øjensynlig har W. en meget vag Forestilling om, hvad Pavedømmet er; for ham er Erkebispen i Mainz summus pontifex, Ypperstepræsten. I denne Vankundighed ligger ogsaa en Slags Forklaring af, at han slet ikke omtaler Ottos Kejserkroning i Rom 962. Denne Begivenhed, der dog optog Samtiden, i hvert Fald de Krese der stod Otto nær, er indbefattet i de mange Tildragelser han nævner eller sigter til III, 63, og hvorom han indskrænker sig til at sige: »det er jeg for ringe til at skildre, og det maa være nok, at jeg har udarbejdet mit Værk med Flid og Troskab.« Man kunde vente hos en boglærd Munk at finde Interesse for Rom og for den romerkirkelige Organisation — som jo Kejserkroningen ogsaa er et Led i — og Kirkens Forhold i det hele. Men det er ikke blot Rom og Paven, W. tier om. Ottos Kirkepolitik i selve Tyskland har han ikke et Ord om, saa lidt som om Missionen blandt Slaverne.

Widukind er Sachser. Ikke Tysker. Henrik og Otto er Sachsernes Hertuger og Konger, der tillige hersker over de andre Stammer. Men de andre Stammer er ham ikke bedre end fremmede. Det er meget tvivlsomt, om Frankerne i Tyskland for ham er mere tyske end »Frankerne« i Gallien, de romaniserede Franskmænd.

Widukind er Munk, en boglærd Mand. Men hans Klerkedannelse er ikke meget dybtgaaende. Det er allerede fremhævet, at hans kirkelige Interesser og Synskres er mærkelig snevre. Men ogsaa hans rent boglige Dannelse er mager og gold. Det (latinske) Sprog, han bruger, er ham et fremmed Sprog, som han har et vist Skolekendskab til, men som han ingenlunde har virkelig tilegnet sig — den samtidige Hrotsvith forstaar ganske anderledes at tumle med det. Hans Fremstilling vrimler af gode klassiske Vendinger, især fra den romerske Historieskriver Sallust, som han formodenlig har læst i Klosterskolen, hvis Gloser og kunstige Udtryk han har lært udenad og som han nu i Tide og Utide strør ud uden at have nogen Forestilling om, at de stikker af mod hele den øvrige ubehjælpsomme Fremstilling. Hans Ordforraad er gennemgaaende godt Latin, og der er meget faa af den Slags Folke-sprogsord i latinsk Forklædning, som ellers forekommer saa hyppigt hos Middelalderens Forfattere (f. Eks. cappa forata, en foret Kappe, equus blaccatus, en blakket Hest). Men dette er ikke Udtryk for en dybt gaaende latinsk sproglig Dannelse, ligesaa lidt som Brugen af de kun-stige Sallustiske Vendinger. Det er altsammen Skoledrengelærdom. W. skriver ikke løs, han udarbejder møjsommeligt Sætning efter Sætning, glad over hist og her og saa tit som muligt at kunne putte en hel Sæt-ning fra sit Skoleglossar ind, selv om den ikke passer saa nøje i Sam-menhængen. Han glemmer ofte Sammenhængen eller evner maaske ikke at faa den til at træde frem. Skønt hans Værk skal være en Krønike og ikke en Aarbog, er Skildringen i Virkeligheden væsenlig annalistisk; at følge og udrede et Forhold i alle dets Forgreninger gaar over hans Evne, og hvor han gør Tilløb til det, gaar det gerne galt. Men den Blan-ding af Krønike og Annaler, som hans Arbejde er, er højst uheldig for Klarheden og Overskueligheden (et grelt Eksempel frembyder III, 75). Han bruger forskellige grammatiske Tider om sideordnede Forhold, han strør om sig med »da«, »altsaa«, »men« uden ringeste Hensyn til Sammenhængen. Bristen i hans Skolelærdom træder dog stærkest frem, naar han skal give en nøjere Skildring af et samtidigt Forhold, hvor Enkelthederne ikke dækkes af de Udtryk, han kender fra sin Sko-lelæsning. Begreber som Fæstning, Borgvold, Borg, By gaar næsten i et. Af hans egen Skildring er det oftest umuligt at se, hvad der menes, saa den rigtige Oversættelse kun kan garanteres, hvor vi ad anden Vej ved Besked om Forholdet. Paa samme Maade forholder det sig med Betegnelser for Krigere; kun sjeldent kan man se, om der menes Rid-dere eller simple Krigere. Ogsaa Betegnelserne for Personernes Rang, Myndighed, Embede er yderst forvirrede — hans latinske Skoleglossar gav ham ingen Vejledning, og han er ikke uafhængig nok til af de tyske

Navne at danne latinsk lydende Ord — maaske har han ogsaa ofte væ-
ret uvidende om, hvad de paagældende Personer i Virkeligheden var.

Widukind, Sachseren og Munken, maa da karakteriseres som en Hjem-
mesidder og en aandelig Almuesmand, og som historisk Autoritet i Or-
dets snevrere Forstand har Sachserkrøniken kun ringe Værd. Men Sach-
serkrøniken har sin store Værdi som en Hjemstavnsskildring — ube-
hjælpsom, ukritisk, mangelfuld i mange Maader, men naiv og trohjertet.
Der har været rejst Tvivl om Widukinds Sandhedskærlighed, men med
Urette. Det der syntes fordrejet og som man antog for bevidst fordrejet,
kan altsammen forklares af Forfatterens Enfoldighed. Hvor paalidelige
de forskellige Skildringer af historiske Begivenheder, f. Eks. Ungarer-
kampene — og adskillige af disse Begivenheder kendes kun fra Widu-
kinds Skildringer — er, er ofte vanskeligt at bestemme. Men det er ogsaa
af forholdsvis mindre Interesse. Sin største Værdi har Værket ved den
Fylde af Smaatræk, der saa naivt berettes om de sachsiske Kongers og
Stormænds Handlinger, Tænke- og Følemaade, disse Smaatræk, der til-
sammen giver et saa anskueligt Billede af Stormandsindividualismen, af
den grænseløse Mangel paa social Moralitet, som er Lensbarbariets Væ-
sen. Der sværges og brydes Troskab, angres og tilgives, sværges paa ny,
brydes atter. Kærlighed og Had, Ydmygelse og Hoveren, alle Grundfølel-
ser skifter saa brat, som de kun kan skifte hos Børn og Barbarer. Widu-
kinds Krønike hjælper os til at forstaa den elementære og radikale Brøst
ved det middelalderlige Lenssamfund.

Den følgende Oversættelse er foretaget efter Waitz & Kehrs Udgave (Ok-
tav-Udgaven), Hannover 1904, hvis oplysende Noter ogsaa er benyttede
til en stor Del af de tilføjede Forklaringer. Ved Oversættelsen har den
tyske Oversættelse ved Schottin & Wattenbach (Geschichtsschreiber
der deutschen Vorzeit, 33, Leipzig 1891) nu og da ydet Hjælp.

Tilegnelse til Prinsesse Mathilde

Widukind fra Korvei, de hellige Blodvidners Stefanus's og Vitus's ringeste Tjener, sender allerunderdanigst og i oprigtig Hengivenhed hendes kejserlige Højhed, den skønne og vise Jomfru, Frøken Mathilde sin Hilsen i Kristus. Skønt Du lever i Glansen af din Faders Magt og Berømmelse og selv udmærker dig ved herlig Visdom, vover min Ringhed dog at tro, hulde Kejserdatter, at min Hengivenhed vil finde Naade for dine Øjne, ogsaa selv om den ikke fortjener det.

Thi naar Du læser mit Mindeskrift om din stormægtige Faders og din berømmelige Bedstefaders Liv, kan du kun styrkes i din Bevidsthed om eget Værd og i Stolthed over din Slægt. Jeg tilstaar, at jeg ikke kan faa alle deres Bedrifter med, men jeg skildrer knapt og Afsnit for Afsnit, for at min Fortælling kan være overskuelig og ikke skal volde Læseren Bryderi. Men jeg har ogsaa taget mig for at skrive lidt om det Folks Oprindelse og Tilstand, hvis første Konge var den stormægtige Henrik, for at Du ved Læsningen deraf kan fryde dig i dit Sind, glemme Kummer og have en fornøjelig Underholdning. Gid Du da, ophøjede Fyrstinde, ved Læsningen af denne lille Bog vil mindes mig med lige saa stor Naade, som jeg med Hengivenhed har skrevet den.

Her begynder første Bog af
Sachserkrøniken

1. Efterat jeg i mine første Værker har skildret den højeste Herskers Stridsmænds Sejre[1], maa ingen undre sig over, at jeg nu vil skriftfæste vore Fyrsters Bedrifter. Da jeg ved hint Arbejde har opfyldt min Pligt mod mit Kald, saa godt jeg kunde, vil jeg nu ikke undslaa mig for at vi min Stamme og mit Folk mine Kræfter, saa mange jeg har.

2. Først vil jeg da forudskikke nogle faa Ord om Folkets Oprindelse og Tilstand, idet jeg i dette Stykke saa godt som udelukkende holder mig til Sagnene, da al Vished er formørket paa Grund af Tidens Fjernhed. Der er nemlig forskellige Meninger om den Ting, idet nogle nogle holder for, at Sachserne nedstammer fra Danerne og Normannerne[2] medens andre mener — hvad jeg ogsaa selv i min Ungdom

---

[1] ɔ: skrevet (bearbejdet) Helgenlegender. De er ikke bevarede.

[2] Den lærde Hraban Maurus, Alkuins Discipel, Forstander for Klosterskolen i Fulda (siden Abbed for Klostret, død 856 som Erkebisp i Mainz) siger: »fra Normannerne nedstammer de, der taler det tyske Sprog«. Noget lignende Ermoldus Nigellus, hvis Æredigt over Kejser Ludvig den Fromme med Fortællingen om Harald Klaks Daab er oversat paa Dansk og udgivet af Kildeskriftsselskabet.

hørte en sige — at de nedstammer fra Grækerne[3], idet disse selv sagde, at Sachserne var Rester af den makedoniske Hær der fulgte Alexander den Store og efter hans tidlige Død blev splittet over den hele Jordkres. Hvordan det nu end forholder sig, er der ingen Tvivl om, at det har været et gammelt og ædelt Folk. Det omtales baade i Agrippas Tale til Jøderne hos Josephus[4] og hertil slutter sig Digteren Lucanus[5].

3. Hvad der er sikkert er, at Sachserne er komne til disse Egne til Søs og først er gaaet i Land ved det Sted, der endnu hedder Hadolaun[6].

4. Men de gamle Indbyggere, der skal have været Thüringer, blev vrede over deres Komme og greb til Vaaben imod dem. Men Sachserne stod dem haardt imod og blev Herrer over Havnen. Efter lange Kampe og stort Mandefald paa begge Sider blev begge Parter enige om at slutte Fred og indgaa Forbund, og Forbundet blev sluttet paa det Vilkaar, at Sachserne skulde have Lov til at købe og sælge, men de maatte ikke faa Jord, og de skulde afholde sig fra Manddrab og Røveri. Og dette Forbund stod ved Magt i lang Tid, men da Sachsernes Penge slap op og de ikke længer kunde hverken sælge eller købe, indsaa de, at Freden var værdiløs for dem.

---

[3] Se Kap. 12.
[4] Flavius Josephus, jødisk Historieskriver i 1. Aarhundrede efter Kr. Stedet findes i hans Den jødiske Krigs Historie II, 16.
[5] Marcus Annaeus Lucanus, romersk Digter i 1. Aarh. e. Kr. Stedet findes i hans »Pharsalia« (der handler om Borgerkrigen mellem Cæsar og Pompejus og Slaget ved Farsalos) I, 423. Læsemaaden er dog usikker, og maaske skal der læses Suessones, et gallisk Folk, i Stedet for Saxones, Sachserne.
[6] ɔ: Hadeln, syd for Elbens Munding. Fremstillingen i de følgende Kapitler er sandsynligvis bygget over gamle sachsiske Kvad. Den er helt sagnagtig, og der er intet, der tyder paa, at der nogensinde har boet Thüringer i Omegnen af Hadeln.

5. Saa hændte det netop da, at en ung Mand gik i Land med en stor Mængde Guld, en Guldkæde og og gyldne Armbaand. Han mødte en Thüringer, der sagde til ham: »Hvor kan det være, at Du har en saadan Mængde Guld om din stakkels udtærede Hals?« »Jo, jeg søger en Køber,« svarede hin, »derfor og kun derfor gaar jeg med dette Guld, thi hvad Glæde har jeg af Guldet, naar jeg er ved at dø af Sult.« Den anden spurgte saa, hvad og hvor meget han vilde have derfor. »Prisen,« sagde Sachseren, »er mig ligegyldig; jeg tager til Takke med, hvad Du byder.« »Naa,« sagde den anden og grinede ad Karlen, »hvad siger Du til, om jeg giver dig saa meget af den Jord her« — der laa en stor Bunke Jord der hvor de stod — »som Du kan bære i din Kjortel?« Sachseren slog straks sin Kjortel op, tog mod Jorden og gav paa Stedet Thüringeren Guldet, og begge gik glade hver til sine. Thüringerne priste Thüringeren, der saa fint havde narret Sachseren, og ansaa ham for saare lykkelig, da han for saa ringe en Pris havde faaet en saa uhyre Mængde Guld, og sejrssikre triumferede de næsten allerede over Sachserne. Imidlertid gik Sachseren, fri for Guldet og med sin Byrde af Jord, ned til Skibene. Hans Fæller gik ham imøde og undrede sig over, hvad der gik af ham; nogle af hans Venner begyndte at udlé ham, andre skældte ham ud, men alle var enige om, at han maatte have tabt Forstanden. Han bad dem være stille og sagde saa: »Følg mig, I gode Sachsere, saa skal I faa at se, at mit Afsind er eder til Nytte,« og skønt tvivlraadige fulgte de ham dog. Men han tog sin Jord med og udstrøede det saa tyndt han kunde over de nærmeste Marker og tog dem i Besiddelse til Lejrplads.

6. Synet af Sachsernes Lejr vakte imidlertid Thüringernes Vrede. Sendemænd fra dem klagede over, at Sachserne havde brudt Forbund og Forlig. Sachserne svarede, at de hidtil trolig havde holdt Forliget. Den Jord, de havde købt for deres eget Guld, vilde de have i Fred eller hævde med Vaaben. Da Indbyggerne havde hørt dette, gav de sig

til at forbande Sachsernes Guld, og ham hvem de havde prist lykkelig kort før, mente de nu var Skyld i deres egen og deres Lands Ulykke. I blind Forbitrelse stormede de uden Orden og uden Plan mod Lejren. Men Sachserne var rede og slog Fjenden ned, og tog efter Kampens lykkelige Udfald med Krigens Ret den nærmeste Omegn i Besiddelse. Og da der derefter var bleven kæmpet længe og hyppigt fra begge Sider, og Thüringerne betænkte, at Sachserne var dem overlegne, lod de Sendemænd forlange, at begge Parter skulde mødes uden Vaaben og atter paa aftalt Sted og Tid forhandle om Fred. Det gik Sachserne ind paa. Nu plejede Sachserne paa den Tid at bruge nogle store Knive af samme Slags som dem, Anglerne den Dag i Dag efter Forfædrenes Skik bruger. Med disse Vaaben under deres Kjortler gaar Sachserne ud af deres Lejr og møder Thüringerne paa det aftalte Sted. Og da de saa, at Fjenderne var vaabenløse og alle Thüringernes Høvdinger var tilstede, mente de, at Tiden var inde til at bemægtige sig hele Egnen. De trak deres Knive og faldt over de intet anende vaabenløse Thüringer og huggede dem ned til sidste Mand. Sachserne begyndte nu at faa Ry og at indjage Nabofolkene vældig Skræk.

7. Der er ogsaa nogle der fortæller, at Sachserne har faaet deres Navn af denne Daad, idet »Knive« paa vort Sprog hedder *sahs*, og de kaldes Sachsere, fordi de med deres Knive havde nedhugget saa mange Mænd[7].

---

[7] Denne Forklaring er maaske rigtig. Sachser skal altsaa være = Sværdbærer (slgn. Folkenavnet Franker, der maaske hidrører fra franca, Kastespyd); men det omvendte Forhold kan ogsaa tænkes: at Sachsernes Vaaben er opkaldt efter Folket. Stammen i Ordet Saks er urgammel; den findes i det latinske saxum, Sten, af Roden sek, skære; den oprindelige Betydning synes saaledes at være »et skærende Stenredskab« i Stenalderen. Betydningen Saks findes kun i de nordiske Sprog og tilkom egenlig kun Ordet i Flertal (slgn. fransk ciseaux, engelsk scissors).

8. Medens dette gik for sig i Sachsen[8], som Landet nu kaldes, overfaldtes Brittannien — som Kejser Vespasian alt i gamle Dage havde gjort til Provins og lagt under Roms Herredømme — efter lang Tids Fred af Nabofolkene, fordi det saa ud til at Romerne ikke kunde hjælpe det. Thi efterat Kejser Martialis[9] var bleven dræbt af sine Krigere, evnede Romerne, udmattet af Krige med Fremmede, ikke at yde deres Venner det sædvanlige Antal Hjælpetropper. De lod dog opføre en vældig Vold til Værn for Landegrænsen fra Hav til Hav, der hvor man maatte vente Fjendernes Angreb; derefter overlod de Landet til sig selv. Men overfor det ukrigerske Folks svage Modstand var det de voldsommere og krigslystne Fjender let at ødelægge Værnet. Da nu Rygtet bredte sig om Sachsernes Fremgang, sendte Bretterne en Sendefærd til dem med Bøn om Hjælp. Og Afsendingerne traadte frem og sagde[10]: »Ædle Sachsere, de ulykkelige Bretter, der trænges haardt af idelig Fjendefærd, har hørt om eders herlige Sejre og har i deres Kvide sendt os til jer for at bede jer ikke nægte os eders Hjælp. Vi har det Hverv at sige jer, at de er rede til at underlægge deres store, vidtstrakte, rige Land eders Herredømme. Under Romernes Herredømme og Værn har vi hidtil levet i Velstand og Frihed. Vi kender ingen, der næst Romerne er bedre end I, og vi søger nu Værn under eders vældige Vinger. Naar vi blot ved eders tapre Vaaben kan vinde Sejr over vore Fjender, vil vi med Glæde finde os i hvad Aag I vil paalægge os.« De

---

[8] Widukind knytter her — unøjagtigt — sin Fortælling til Bedas Fremstilling i Anglerfolkets Kirkehistorie I, 14 ff.

[9] ɔ: Kejser Marcianus — der imidlertid var Kejser i Byzans (450—57) og som døde Sottedød. Skulde en Kejser nævnes i denne Forbindelse, maatte det være den vestromerske Kejser Valentinian (425—455), der blev myrdet. Ogsaa Fortællingen om Volden er forkert. Den var opført under Antoninus Pius og forstærket af Septimius Severus (193—211), hvilket ogsaa berettes af Beda.

[10] Sendefærden omtales af Beda, men Talen synes Widukind selv at have forfattet.

ældste svarede kort hertil: »I skal i Sachserne altid finde Bretternes paalidelige Venner, lige rede til at hjælpe dem i deres Trængsel og til at tage Del i deres Glæde.« Sendemændene drog glade tilbage til deres Fædreland og gjorde deres Fæller glade ved det attraaede Budskab. Derefter sendtes den lovede Hær til Brittannien; vel modtaget af Vennerne befriede den i kort Tid Landet for Røverne og gav Indbyggerne deres Hjemstavn tilbage. Og det kostede ikke stor Møje, da Fjenderne, hvem Sachsernes Ry alt i Forvejen havde fyldt med Skræk, nu da de selv kom, flygtede langt bort. Disse Folk, Bretternes Fjender, var Skotter og Pehter; i Kampen mod dem fik de sachsiske Krigere alt hvad de trængte til af Bretterne; og de blev nu i nogen Tid i dette Land og befandt sig vel ved gensidigt Venskab med Bretterne. Men da Hærens Høvdinge saa, at Landet var stort og frugtbart, men Indbyggerne ukrigerske, medens de selv og den største Del af Sachserne var uden fast Hjemstavn, sendte de Bud efter den større Hær, sluttede Fred med Skotterne og Pehterne, angreb i Fællig Bretterne, jog dem ud af deres Land og fordelte det under deres eget Herredømme. Og fordi denne Ø ligger i et Hjørne (angulus) af Havet, kaldes de den Dag i Dag Anglisacherne[11]. Hvis nogen vil have udførligere Besked om alt dette, kan han læse selve dette Folks Historie[12]; deri vil han finde baade hvorledes og under hvilke Førere alt dette skete, og hvorledes de ved sin Tids helligste Mand, Pave Gregor, kom til Kristendom[13]. Men vi maa vende tilbage til Begyndelsen af Historien.

---

[11] Om det sande eller sandsynlige Forhold med Hensyn til Forstaaelsen af Navnet Angler se »Danmarks Riges Historie« I, S. 75 f.

[12] nemlig Bedas Anglerfolkets Kirkehistorie, der ogsaa fortæller om Sachserne og deres Omvendelse.

[13] Gregor den Store sendte 597 Abbeden Augustin med 40 Munke til Brittannien. Beda, I, 23.

9. Derefter[14] døde Hugo[15], Frankernes Konge, uden at efterlade sig anden Arving til Riget end sin eneste Datter Amalberga, der var gift med Thüringernes Konge Irminfrid. Men Frankerfolket, der var blevet mildt og velvilligt behandlet af sin Hersker og derfor vilde vise sin Taknemlighed, valgte hans Frillesøn Thiadrik til Konge. Da nu Thiadrik var bleven udnævnt til Konge, skikkede han Sendefærd til Irminfrid om Fred og Venskab. Da Sendemanden havde faaet Foretræde, sagde han til Irminfrid: »Jeg kommer fra min højædle og mægtige Herre Thiadrik. Han ønsker, Du maa leve vel og længe herske over et stort og vidtstrakt Rige, og han lader dig melde, at han ikke ønsker at være din Herre, men din Ven, ikke din Hersker, men din Frænde, og at han ubrødelig indtil Døden vil overholde Frændskabets Ret overfor dig. Kun beder han dig om ikke at bringe Tvedragt ind i Frankerfolkets Enighed, thi Frankerne følger ham som deres kaarede Konge.« Hertil svarede Irminfrid naadigt og som Kongeværdigheden krævede det, at han godkendte, hvad Frankerfolket havde samtykt, at han ikke vilde føre Tvedragt ind i deres Samdrægtighed, at han trængte absolut til Fred, men at han med Hensyn til Konge-Spørgsmaalet ikke vilde udtale sig, før hans Venner var komne tilstede. Han viste Sendemanden al Ære og lod ham blive hos sig i nogen Tid. Men da Dronningen hørte, at der var kommen en Sendemand fra hendes Broder og at han havde talt med Kongen om Tronfølgen, fik hun Iring til at hjælpe sig med at

---

[14] Det er ingen Tidsbestemmelse, men kun en ubehjælpsom Maade at tilknytte den følgende Fortælling paa (efter Beda).

[15] Der menes Frankerkongen Chlodvig (Clovis, Louis Ludvig) der døde 511. Men denne efterlod sig rigtignok 4 Sønner af hvilke den ældste ifølge Quedlinburg-Aarbøgerne hed Hugo Theodoricus (Hugdiethrich), »Hugo Theodoricus, dvs Frankeren, thi forhen kaldtes alle Frankere Hugo'er efter en af deres Høvdinger ved Navn Hugo«. Det er da sandsynligvis denne, hvis Navn Widukind tilfældigvis har faaet fat i og nu knytter Fortællingen til. - I Virkeligheden blev alle fire Brødre Konger efter Faderen. Amalberga, Irminfrids Hustru, var et Barnebarn af Goterkongen Theodorik den Store. - W. synes da yderligere at sammenblande Østgoterkongen T. med Frankerkongen T.

overbevise Manden (ɔ: Kongen) om, at Kongedømmet maatte tilfalde hende ved Arveret, eftersom hun var en Konges og en Dronnings Datter, medens Thiadrik var hendes Træl, da han var en Frillesøn, og det derfor vilde være urimeligt nogensinde at hylde sin egen Træl. Nu var Iring en dristig og haandrap Mand, djerv og snu, haardnakket i sine Forsæt og i Besiddelse af stor Overtalelsesevne og havde ved disse Egenskaber vundet Irminfrids Sind. Da nu Høvdinger og Frænder var kaldt sammen, forebragte Irminfrid dem Sendemandens Budskab. Disse raadede ham dog alle som én til Fred og Enighed, fordi han ikke vilde kunne staa for Frankernes Angreb, især da han ogsaa trængtes fra anden Side af endnu haardere Angreb. Men Iring foreholdt efter den overmodige Dronnings Ønske Irminfrid, at han ikke burde give efter for Frankerne; i Tronfølgerspørgsmaalet havde han Retten paa sin Side, derhos havde han et stort Rige, og i Hærstyrke var der kun ringe Forskel mellem ham og Thiadrik. — I Overensstemmelse hermed svarede Irminfrid Sendemanden, at han vel ikke vilde nægte Thiadrik Venskab og Frændskab, men dog ikke noksom kunde undres over, at han krævede Herredømmet før Friheden. Han var født Træl, hvorledes kunde han da kræve at herske over Irminfrid. Man kunde dog ikke godt yde sin egen Træl Hyldest. — I stærk Sindsbevægelse svarede Sendemanden hertil: »Hellere vilde jeg give dig mit Hoved, end høre saadan Tale af dig, thi jeg ved, at den maa sones med meget Franker- og Thüringerblod«. Derpaa drog han tilbage til Thiadrik, for hvem han ikke dulgte, hvad han havde hørt. Thiadrik blev meget vred, men svarede roligt: »Vi maa nok skynde os at gaa i Trældom hos Irminfrid, for at vi, omend berøvede Friheden, kan faa Lov til bare at beholde Livet,« og med en stærk Hær drog han mod Thüringen og traf sin Svoger, der ogsaa stod med en stor Hær og ventede paa ham ved Ronnenberg[16].

---

[16] Ronnenberg (her: Runnibergun) i Nærheden af Hannover, eller maaske et andet Sted, der i gamle Dage ogsaa hed R., ved Unstrutt, 2 Mil fra Burg-Scheidungen (nævnt kort efter). Slaget stod 531.

Kampen begyndte og varede under skiftende Vilkaar én Dag og to Dage, den tredie Dag fik Thiadrik Overhaand, og Irminfrid maatte vige. Paa Flugten trak han sig ind i Borgen Scheidungen ved Unstrutt sammen med de Folk, han havde tilbage. Thiadrik sammenkaldte sine Høvdinger og Krigsøverster og spurgte dem, om de mente, man skulde forfølge Irminfrid eller om man skulde drage hjem. Blandt de adspurgte svarede Waldrik: »Jeg mener, vi skal drage hjem for at jorde de faldne, pleje de saarede og samle en større Hær, for jeg tror ikke, at vi, nu da saa mange Tusind af dine Folk er faldne, har Kræfter til at føre denne Krig til Ende. Hvis nemlig Barbarernes[17] talløse Skarer rejser sig imod os, nu da saa mange af vore Folk er haardt medtagne, ved hvis Hjælp vil Du da sejre?« — Nu havde Thiadrik en snu Tjener[18], hvis Raad han ofte havde fundet gode, saa at der herskede en vis Fortrolighed imellem dem. Paa Spørgsmaalet om, hvad han mente, svarede han: »Naar der er Tale om hæderlige Foretagender, mener jeg, at Udholdenhed er det bedste, og vore Forfædre har jo ogsaa lagt saa meget Vind paa den, at de sjelden eller aldrig opgav noget, de havde begyndt paa. Og dog være det langt fra mig at tro, at det, vi har døjet, kan maale sig med det, de maatte gaa igennem, thi med ringe Kræfter overvandt de andre Folks store Hære. Nu er Landet her i vor Magt, skal vi da ved at forlade det give de overvundne Lejlighed til at vinde Sejr? Gerne vilde ogsaa jeg vende hjem og se Slægt og Venner — hvis jeg vidste, at vore Fjender vilde forholde sig i Ro saa længe. Men vore saarede trænger maaske dertil? — Ja men Opførelsen af en Lejr vil sikkert kun være til ren Fornøjelse for dem, der har Kraft og Mod. — Men mange er faldne, og Hæren er stærkt svækket. — Ja men er da vore Fjender undslupne allesammen? Sikkert kun meget faa, thi Anføreren selv søger Ly bag en Fæstnings Volde ligesom et elendigt Dyr søger Ly i sit Skjul, og tør ikke

---

[17] ɔ: Sachsernes.
[18] Widukind kalder ham servus ɔ: Træl, men der menes vistnok en »Edelknecht«, en Væbner, en Frimand i Kongens Gaard.

27

en Gang roligt se op mod Himlen, saa angst er han for os. — Men de har Penge, saa de kan leje barbariske Folk[19], og de har en Mængde Mandskab, om det end er stærkt medtaget. — Ja men hvis vi drager bort, faar de friske Kræfter. Sejrherren kan ikke være bekendt at give de overvundne Tid til at sejre. — Er vi nok til at lægge Besætning i alle Borge ? — Ja men dem mister vi jo allesammen, medens vi drager hjem og her tilbage igen.« Denne Tale havde den Virkning, at Thiadrik og alle, hvem en ærefuld Sejr laa paa Sinde, besluttede at blive i en Lejr og sende Bud til Sachserne, der fra gammel Tid var Thüringernes bitre Fjender, om at hjælpe dem. Hvis de sejrede over Irminfrid og indtog hans Borg, skulde de faa Landet til evig Eje. Sachserne sendte uden Tøven og uden Betænkning 9 Anførere, hver med 1000 Krigere, afsted, og disse Førere drog ind i Lejren hver med 100 Krigere, idet de lod den øvrige Mængde blive udenfor, og de bød Thiadrik Hilsen og Fred. Thiadrik modtog glad deres Hilsen, vekslede Haandslag med dem og opfordrede Mændene til at tale. De sagde: »Sachsernes Folk er dig hengivent og lyder dit Bud; de har derfor sendt os til dig, og vi er rede til at gøre alt hvad Du maatte ville, saa vi enten vil overvinde dine Fjender eller, om Skæbnen vil det anderledes, dø for dig. Thi vid, at for Sachserne er der intet andet end dette: at ville sejre eller, i modsat Fald, ikke at ville leve. Og vi kan jo ikke vise vore Venner en større Tjeneste end den, at vi for deres Skyld foragter Døden, og det er vort brændende Ønske, at Du skal erfare, at det er sandt.« Medens de talte saaledes, stod Frankerne og beundrede disse Mænds Legemsstyrke og Mod; de undrede sig over deres fremmedagtige Dragt, over deres Rustning, over deres Haar, der bølgede ned over Skuldrene[20] og især over deres vældige Djervhed. Sachserne bar nemlig lange Kjortler og var væbnede med lange Lanser, og de stod og støttede sig til smaa Skjolde og havde lange Knive ved Lænderne. Der var ogsaa dem der

---

[19] ɔ: Sachserne.
[20] Frankerne klippede nemlig deres Haar.

28

sagde, at Frankerne ingen Brug havde for saa mange stærke Venner, det var nogle ubændige Mennesker, og hvis de slog Bo i Landet her, vilde det utvivlsomt blive dem, der en Gang i Tiden vilde komme til at styrte Frankerriget i Grus. Men Thiadrik havde kun Tanke for sin egen Fordel, og han tog mod deres Forbund og bød dem gøre sig rede til at angribe Borgen. De gik saa bort fra Kongen og gav sig til at afstikke deres Lejr, i sydlig Retning fra Borgen, paa et Engdrag langs Floden. Den næste Dag stod de op ved Daggry, væbnede sig, stormede Forborgen og satte Ild paa den. Da de havde indtaget Forborgen og stukket Ild paa den, stillede de sig op i Slagorden overfor den østlige Port. Da de indesluttede saa Slagordenen i fuld Opstilling og sig selv i den yderste Nød, gjorde de et dristigt Udfald ad Portene og styrtede i blindt Raseri imod deres Fjender Efter at Kastespyddene var slyngede ud, fortsattes Kampen med Sværd. Et grumt Slag begyndte, og mange fældedes paa begge Sider. Folkene fra Borgen kæmpede for deres Fædreland, for deres Hustruer og Børn og endelig for deres eget Liv, Sachserne for Æren og for at vinde Land[21]. Opmuntringsraab mellem Mændene indbyrdes, Vaabenlarm og døendes Klager hørtes imellem hinanden, og Dagen led, medens alt dette stod paa. Overalt var der Mandefald, overalt hørtes Jamren, men ingen af Parterne vilde vige — før Aftenen bragte Kampen til Ophør. Den Dag blev mange Thüringer dræbte og mange saarede, men af Sachsere taltes der 6000 faldne.

10. Nu sendte Irminfrid Iring til Thiadrik for at bede om Fred og tilbyde frivillig Overgivelse, og han havde alle Kongens Skatte med. Iring traadte frem for Thiadrik og sagde: »Dette sender den Mand dig, der forhen var din Frænde, men nu er din Træl, for at Du, selv om Du ingen Medynk har med ham, i hvert Fald skal ynkes over din stakkels Søster og over dine Søsterbørn, der er stedt i den yderste Nød.«

---

[21] Denne og mange lignende rhetoriske Vendinger har Widukind laant fra den romerske Historieskriver Sallust.

Da han under Taarer havde sagt dette, var der nogle Høvdinger, der var bestukne med Guldet, som greb ind og tilføjede, at det sømmede sig Kongen at vise Mildhed og ikke afslaa en saadan Bøn; han maatte heller ikke glemme Blodslægtskabet, og det var bedre at modtage den Mand, der allerede var overvundet og som var saa medtaget, at han aldrig vilde kunne rejse sig imod ham, som Forbundsfælle, end disse ubændige, alle Farer, al Møje trodsende Mennesker, der kun kunde blive en Fare for Frankerriget. Den nu tilendebragte Kamp havde noksom vist, hvor udholdende og uovervindelige Sachserne var, og derfor var det bedre at tage mod Thüringerne og sammen med dem at jage Sachserne ud af Landet. Ved denne Tale lod Thiadrik, skønt modstræbende, sig omstemme og lovede den følgende Dag at modtage sin Svogers Underkastelse og at jage Sachserne bort. Da Iring hørte dette, kastede han sig for Kongens Fødder og priste Kongens milde Beslutning. Han sendte Bud til sin Herre, at det var gaaet efter Ønske og beroligede saaledes baade denne og Borgen; selv blev han i Thiadriks Lejr, for at Natten ikke skulde bringe en ugunstig Vending. Medens nu Løftet om Fred gjorde alle trygge i Borgen, gik imidlertid en Thüringer ud derfra med en Falk for at søge Føde ved Bredden af den omtalte Flod. Han lod Fuglen flyve, men en Sachser, der befandt sig paa den anden Flodbred, fik straks fat i den, og skønt Thüringeren bad om at faa den tilbage, vilde Sachseren ikke af med den. Saa sagde Thüringeren: »Giv mig den, saa skal jeg røbe dig en Hemmelighed, der vil være dig og dine Fæller til Nytte.« Sachseren svarede: »Ja, sig det, saa skal Du faa, hvad Du forlanger.« Han sagde: »Kongerne har sluttet Fred, og de har aftalt, at hvis I imorgen træffes i Lejren, skal I tages tilfange eller hugges ned.« »Er det Alvor, eller vil Du narre mig?« spurgte Sachseren. »Den anden Time imorgen,« lød Svaret, »vil vise, at det er ramme Alvor. Sørg for jer selv, flygt.« Sachseren slap straks Falken løs og fortalte sine Fæller, hvad han havde hørt. De blev temmelig bestyrtede og kunde i Øjeblikket ikke finde ud af, hvad de nu skulde gøre.

11. I Lejren var der en gammel Kriger, der var højt til Aars, men trods sin Alder endnu kraftig; han hed Hathagat, men kaldtes sædvanlig paa Grund af sine fortrinlige Egenskaber Fædrenes Fader. Han greb Felttegnet — som Sachserne holdt for helligt, og som var prydet med Billeder af en Løve og en Drage og derover en Ørn med udspilede Vinger, hvilket skulde betyde Tapperhed og Klogskab og Virkningen af disse Egenskaber. Hans Holdning røbede hans Mod og Fasthed. Han sagde: »Indtil nu har jeg levet blandt tapre Sachsere, og mit Liv er ledet, til jeg nu har naaet næsten den højeste Oldingealder, og aldrig har jeg set mine Sachsere flygte. Hvorledes vil I da nu tvinge mig til at gøre noget, jeg aldrig har lært? Jeg kan slaas, men flygte, det hverken forstaar eller kan jeg. Hvis Skæbnen ikke tillader mig at leve længere, saa lad mig i hvert Fald falde sammen med mine Venner, det er mig det kæreste. Rundt om os ligger vore Venners Lig som Eksempler paa vore Fædres Tapperhed; de vilde hellere dø end overvindes, hellere udaande deres tapre Sjæle end vige Pladsen for deres Fjender. Dog, hvad behøver jeg at spilde saa mange Opmuntringsord om Foragt for Døden? Se, naar vi nu gaar løs paa dem, træffer vi dem trygge, og det bliver ikke en Kamp, men en Nedsabling vi gaar i Lag med. Thi paa Grund af den Fred, der er lovet, og paa Grund af vore svære Tab aner de ikke Uraad. De er desuden trætte af Kampen idag; de nærer ingen Frygt, og de har lagt sig til Hvile uden at stille Vagtposter ud og uden nogen af de almindelige Sikkerhedsanstalter. Lad os styrte over dem, mens de intet aner og ligger i dyb Søvn; det vil gaa overmaade let. Lad mig være eders Fører, og hvis det ikke gaar, som jeg siger, vil jeg give jer mit graanede Hoved.« Opmuntrede af disse gode Ord, brugte de Resten af Dagen til at komme rigtig til Kræfter, og i den første Nattevagt, den Tid, da Menneskene plejer at ligge i den dybeste Søvn, greb de paa et givet Tegn deres Vaaben, styrtede med Føreren i Spidsen ind over Murene, hvor der hverken var Besætning eller en Gang Nattevagter, og trængte under vældige Raab ind i Borgen. Derved vækkedes

31

Fjenderne; nogle søgte Frelse i Flugt, andre løb som drukne Menne-
sker hid og did paa de aabne Pladser og mellem Borgens Mure, atter
andre løb lige ind mellem Sachserne, hvem de holdt for deres Medbor-
gere. Men Sachserne dræbte alle fuldvoksne, hvorimod de sparede
Ynglingernes Liv for at gøre dem til Bytte. I denne Nat var der idel
Skrig, Drab og Røveri, og der var ikke stille et eneste Sted i hele Borgen,
indtil Morgenrøden steg op og lyste over en Sejr, der intet Blod havde
kostet Sejrherren. Da Kongens, Irminfrids, Død vilde have kronet Sej-
ren, blev han eftersøgt, men det viste sig, at han var undkommen tilli-
gemed sin Hustru og sine Børn og et ringe Følge.

12. Da det var blevet Morgen, stillede de deres Ørn op ved den østre Port, opførte et Sejrsalter, og i Overensstemmelse med
vore Fædres Vranglære ærede de deres Helligdom paa deres egen Vis:
efter Navnet at dømme var det Mars, efter den Maade hvorpaa de fo-
restillede Guden — nemlig ved en Art Søjle — var det Herkules, efter
Stedet var det Solen, som Grækerne kalder Apollon[22] Deraf fremgaar

---

[22] Her er øjensynlig Tale om en af de berømte Irminsøjler, der bl. a. kendes fra
Beretningen om Karl den Stores Sachserkrig, i hvilken der ødelagdes én i en
hellig Lund ved Ehresburg i Vestfalen. Irminsøjler var høje Træsøjler eller
Træstammer, der fandtes i hellige Lunde og var den omboende Folkestam-
mes Hovedhelligdom. Irmin er Navnet paa den ældste vestgermanske Folke-
stamme Herminonernes mytiske Stammefader og vistnok Tilnavn til Guden
Ziu, Tiu (nord. Tyr), oprindelig Himmelgud, senere Krigsgud. Widukind gen-
giver her (noget forvirret) en gammel Overlevering om, at Sachserne efter
Sejren ved Scheidungen over Thüringerne, rejste en Irminsøjle til Ære for
Irmin, Krigsguden, som W. kalder med den romerske Krigsguds Navn: Mars,
og som han sammenstiller med det græske Gudenavn Hermes, idet han for-
veksler Hermes — der svarer til Romernes Merkur — med Ares, Krigsguden.
Meningen er da: Den sachsiske Irmin betyder efter Navnet Mars (idet Mars
fejlagtig antages for at være den samme som Grækernes Hermes, slgn, læn-
gere henne (H)irmin—Hermis); hvad W. kalder Altret, maa være Træstam-
men eller Træsøjlen, som kaldes Irmins Søjle. — Hvad Meningen er med det
andet Led: at den Maade, hvorpaa de forestillede Guden, nemlig ved en Art

det, at de dog sikkert har Ret, der mener, at Sachserne er udgaaet fra Grækerne, idet Mars hedder Irmin eller Hermis paa Græsk — et Ord vi den Dag idag, uden at forstaa Meningen, bruger baade i rosende og dadlende Betydning[23]. Tre Dage igennem holdt de Sejrsfest, fordelte Fjendebyttet, fejrede de faldnes Ligfærd og lovpriste deres Fører. I ham, raabte de, maatte der bo en guddommelig Aand og en overjordisk Manddom, siden han ved sit standhaftige Mod havde bragt dem til at vinde en saa vældig Sejr. Alt dette skete, efter hvad vore Forfædre har fortalt, den 1ste Oktober, og disse hedenske Festdage har gudfrygtige Mænd siden viet og bestemt til Faste og Bønner og til Offergaver for alle hedengangne Kristne[24].

Søjle, skulde minde om Herkules, er højst tvivlsomt — maaske ligger der en forvirret Forestilling om Hermer, Hermesstøtter, til Grund, idet Hermes atter kan være forvekslet med Herkules. Det tredie Led er forstaaeligt nok: efter Stedet var det Solen, thi Altret, Irminsøjlen, rejstes jo ved den østre Port. — Irminsøjler omtales allerede hos Tacitus, Aarbøger I, 61.

[23] Oversættelsen er ikke ganske sikker. Den her fulgte Fortolkning, der mere udførligt kunde formes saaledes: ... Sachserne nedstammer fra Grækerne, idet Mars (Krigsguden) hedder (H)irmin (hos os) og Hermis paa Græsk: et Ord (irmin) som vi den Dag idag bruger baade i rosende og dadlende Betydning, skønt vi ikke forstaar Meningen (eller: skønt vi ikke ved, at det stammer fra Græsk). Den egenlige Betydning af Irmin er vistnok: den ophøjede; Ordet findes som første Del af sammensatte Ord i mange germanske Dialekter og har en forstærkende Betydning saavel i god som i daarlig Retning. I Vøluspá forekommer saaledes jørmungandr som Betegnelsen for Midgaardsormen. I Beowulfskvadet er eormengrund Betegnelse for Jorden. I Oldtysk er irmingot = den højeste Gud. Forekommer ogsaa i Egennavne som f. Eks. Østgoterkongen Ermanrik eller Jørmunreikr.

[24] Der er en Unøjagtighed i Udtrykket: den 1. Oktober ... disse hedenske Festdage. Hvad der siges om disse Festdage, er imidlertid rigtigt nok. Den Uge, der begynder med første Søndag efter Mikkelsdag (29. September), hed senere die gemeine Woche, der helt op i 17. Aarh. fejredes paa forskellig Maade og med oprindelig hedenske Ceremonier. Som saa mange hedenske Fester, som Kirken ikke evnede at udrydde, blev den saa at sige kristnet, ved at man

13.

Efter at alle disse Ting var bragt i Orden, vendte de tilbage til Thiadrik i hans Lejr; han bød dem velkommen, talte mange Lovord over dem og gav dem Landet her til evigt Eje. De blev ogsaa kaldt Frankernes Forbundsfæller og Venner, og de var de første [Sachsere] der kom til at bo i den Borg, som de havde skaanet for Ild[25] i den Mening, at det skulde være deres. Den Maade, Kongerne endte deres Liv paa, vil jeg ikke forsømme at fortælle, da der gaar mærkelige Sagn derom. Den Dag, da Borgen blev taget, blev Iring sendt til Thiadrik, og blev som Gæst Natten over i Lejren. Thiadrik havde hørt, at Irminfrid var undkommen og søgte nu ved List at faa ham tilbage og at faa ham myrdet af Iring, hvorfor denne skulde have store Gaver af ham og hædres med en høj Stilling i Riget, medens det skulde se ud, som om Thiadrik ingen Lod eller Del havde i Drabet. Kun ugerne indlod Iring sig paa denne Sag, men tilsidst gav han efter, bestukket af de falske Løfter, og erklærede sig rede til at gøre efter Kongens Ønske. Irminfrid blev da kaldt tilbage og kastede sig ned for Thiadriks Fødder; ved hans Side stod Iring med draget Sværd, som om han var Kongens Vaabendrager, og han dræbte da sin Herre just som han laa der knælende paa Jorden. Men øjeblikkelig tilraabte Thiadrik ham: »Ved denne Udaad er Du bleven alle Mennesker en Afsky; Du har dræbt din egen Herre; det skal staa dig frit for at gaa din Vej herfra; jeg vil hverken have Lod eller Del i din Skændsel.« »Ja jeg har fortjent alle Menneskers Afsky,« svarede Iring, »fordi jeg har tjent dine Rænker; men før jeg gaar, vil jeg sone

---

overførte de hedenske Ceremonier paa kristne Helgener el. lign. Erkeenglen Michael, der havde kæmpet med og sejret over Satan eller Dragen (Johannes Aabenb. 12, 7) og derfor tidlig i den kristne Kirke ansaas for Kristendommens Beskytter og Forkæmper, var vel egnet til at blive Genstand for folkelig, hedensk Dyrkelse, og Pave Gelasius I bestemte i 493, at den 29. September skulde være hans Festdag. Fra 9. Aarh. fejredes han over hele den romerkirkelige Verden. En Fest for »Alle hedengangne Kristne« synes at svare til den senere til 2. November fastsatte Allesjælesfest.

[25] Det var kun Forborgen, de havde brændt (se Kap. 9).

min Udaad og hævne min Herre,« og som han stod dér med draget Sværd, huggede han ogsaa Kong Thiadrik selv ned, og han løftede sin Herres Lig op og lagde det oven paa Thiadriks Lig, for at den i Livet overvundne dog i Døden kunde være Sejrherre. Derefter banede han sig Vej med sit Sværd og undkom. Om man kan fæste Lid til denne Fortælling, maa Læserne afgøre; jeg kan dog ikke andet end undres over, at Sagnet har haft saa stor en Magt, at den saakaldte Mælkevej paa Himlen den Dag idag bærer Irings Navn[26].

14. Sachserne tog nu Landet i Eje og levede i dyb Fred som Frankernes Venner og Forbundsfæller. De delte ogsaa en Del af deres Jorder med deres Venner, der var komne dem til Hjælp, og med frigivne Trælle, men Resten af det slagne Folk gjorde de skatskyldigt. Derfor deler man — endnu i vore Dage — Sachserfolket (bortset fra Trælleklassen) i tre Dele efter Afstamning og Lov[27], og ligeledes udøvede 3 Fyrster Hertugdømmet over hele Folket; de havde Magt til at sammenkalde Hæren indenfor bestemte Grænser, og vi ved, at de

---

[26] Fortællingen om Iring er delvis Gengivelse af en Mythe. Medens Irminfrid, Thüringernes sidste Konge, er historisk, er Iring mythisk. Han er en Lysheros omtrent som Heimdal; derfor er Mælkevejen, Iringesstraza, opkaldt efter ham. I den gamle tyske Heltedigtning spiller Iring en stor Rolle, saaledes i Niebelungenkvadet. Widukind har altsaa her øjensynligt benyttet gamle Heltekvad.

[27] De tre Klasser kaldtes *Edelinger* (»adelige«, Fødselsadel), *Frilinger* (af frija = ukrænkelig, slgn, frihals, svensk fräls, egl. den der værnes af Retten, ikke (som Fæsteren el. Trællen) skal bøje Nakken for en Godsejer) og *Lasser*, frigivne (lassen = løse, slgn. oldnord. leysing). De to urgamle Klasser: frie og ufrie, har spaltet, sig, saaledes at der senere findes to Slags egenlige frie, frifødte, idet nogle ved Rigdom og Byrd særlig fremragende, Edelinger, har skilt sig ud fra de almindelige Frimænd, Frilinger, medens Lasserne har skilt sig ud fra de egenlig ufrie og udgør en særlig Klasse nedenunder de almindelige Frimænd. Hver Klasses Retsstilling faar sit lydeligste Udtryk ved dens »Wergeld«, egl. = Mandegengæld, den Bøde, der betaltes for Drab, og som var forskellig eftersom den dræbte var Edeling, Friling eller frigiven.

betegnedes efter deres Hjemstavn og Navne, nemlig: Østfolk, Angere og Vestfalere. Men naar en almindelig Krig truede, valgtes ved Lodtrækning én, hvem alle skulde lyde, til at lede den forestaaende Krig[28]. Naar Krigen var til Ende levede enhver under lige Ret og Lov, tilfreds med sin egen Magt. Vi har ikke i Sinde her i denne lille Bog at skrive om de forskellige Love, da omhyggelige Haandskrifter af Sachserloven findes hos mange. Schwaberne hinsides Bode trængte ind i den Egn, hvor de nu bor, paa den Tid da Sachserne sammen med Longobarderne drog til Italien[29], saaledes som deres (Longobardernes) Historie fortæller[30], og derfor har de andre Love end Sachserne. — Saaledes fik Sachserne Frankernes Troløshed at føle — om dem behøver vi ikke at fortælle noget, da deres egen Krønike giver Oplysning nok[31] — og de levede med haardnakket Fastholden ved den fra Fædrene nedarvede Vranglære lige til Karl den Stores Tid.

15. Den store Karl var ikke blot en overmaade tapper Konge, men ogsaa en vis og omsigtsfuld Hersker. Han betænkte da ogsaa, saasom han var den klogeste Mand i sin Tid, at det ikke gik an, at et ædelt Folk, der var Nabo til ham, vedblev at leve i en forkert Tro, og

---

[28] Slg. Beda, Anglerfolkets Kirkehistorie V, 10 (dansk Oversættelse ved Kragballe). Widukind synes at have omskrevet Bedas Fortælling om Sachsernes Forfatning, men tillige at have forvansket den ved Sammenblanding med Forhold fra hans egen Tid, saa det hele bliver forvirret. I Sætningen: Naar Krigen var til Ende, levede enhver under lige Ret . . ., maa »enhver« forstaas om enhver af de tre Hertuger, hvad Beda udtrykkelig siger, og ikke om enhver Sachser eller Frimand, thi for hele Folket var der »forskellige Love«, ɔ: forskellig Ret for hver Klasse.

[29] Aar 567 og 568.

[30] Paulus Diaconus el. Paul Warnefriedsøn, Longobardernes Historie (II, 6).

[31] Widukind tænker sandsynligvis paa Einharts Levnedsskildring af Karl den Store (oversat paa Dansk og udgivet af Selskabet til historiske Kildeskrifters Oversættelse, 1879) eller paa de frankiske Aarbøger, som han synes at have kendt og benyttet i den følgende Fremstilling.

han arbejdede paa enhver Maade paa at føre dem ind paa den rette Vej. Han søgte at drive dem ind paa denne Vej, snart ved venlig Overtalelse, snart ved krigerske Angreb, og i sit Kejserdømmes 30te Aar[32] — thi han blev fra Konge valgt til Kejser — opnaaede han endelig det, som han i saa mange Aar utrættelig havde stræbt efter. Derved blev de, som forhen var Frankernes Forbundsfæller og Venner, nu deres Brødre og saa at sige ved Kristentroen et Folk med dem, saaledes som vi nu ser.

16. Den sidste Karolinger der herskede hos Østfrankerne, var Ludvig, en Søn af Arnulf, der atter var en Brodersøn af Karl, den nu regerende Lothars Oldefader[33]. Denne Ludvig giftede sig med Liudgard[34], Søster til Brun og den store Hertug Oddo, men døde ikke mange Aar derefter. Disse to Mænds Fader var Liudulf, han der drog til Rom og derfra hidførte den hellige Pave Innocens' Relikvier[35]. Brun førte, medens han som Hertug styrede hele Sachsen, en Hær mod Danerne, men en pludselig Oversvømmelse omskyllede Hæren, saa der

---

[32] Forkert. Se Indledning, S. 8.

[33] Lothar var det vestfrankiske Riges Konge 954—986. Widukind forveksler imidlertid Karl II (den Skaldede), Lothars Tipoldefader, med Karl III, den Tykke, der var Arnulfs Farbroder (men ikke Lothars Oldefader).

[34] Widukind tager atter fejl; det var ikke Ludvig (IV, Ludvig Barn), Arnulfs Søn, der var gift med Liudgard, men Ludvig III, Søn af Ludvig den Tyske (der atter var Søn af Ludvig den Fromme). Brylluppet fandt Sted 869, og Ludvig III døde 882 (Liudgard † 885), medens Ludvig IV Barnet døde 911.

[35] til Gandersheim, hvor Liudulf og hans Hustru havde stiftet det berømte Kloster, hvor bl. a. den lærde Nonne Hrotsvith i 10. Aarh. skrev sine mærkelige Legende-Komedier. Stifterne af Klostre søgte altid at skaffe vedkommende Kloster Helgenrelikvier, hvis Tilstedeværelse antoges at sikre Klostret den paagældende Helgens særlige Gunst og Værn, ligesom man tilskrev Relikvierne undergørende Kraft, saaledes at det Kloster der havde en særlig berømt Relikvi, tillige havde store Indtægter af Folk, der søgte Helgenens Hjælp. — Den hellige Innocens ɔ:Pave Innocens I (402—417), hvis Helgendag er 28. Juli.

ingen Lejlighed blev til Kamp, og Brun omkom med hele Hæren[36]. Hertugdømmet gik over til hans yngre, men i alle Retninger langt dygtigere Broder. Da nu Kongen, Ludvig[37], ingen Sønner havde, ønskede hele Frankernes og Sachsernes Folk at sætte Kongekronen paa Oddos Hoved, men denne, der allerede var højt til Aars, vilde ikke paatage sig Regeringens Byrder. Derimod blev efter hans Raad Konrad, hidtil Frankernes Hertug, salvet til Konge, men den højeste Magt var dog stadig og overalt hos Oddo[38].

17. Oddo havde en Søn, netop en Mand saadan som hele Verden trængte til, den største og ypperste blandt Konger, Henrik, den første der herskede uafhængig i Sachsen[39]. Allerede i en tidlig Alder lagde han i alle Retninger herlige Egenskaber for Dagen, og fra Dag til Dag tog han til i udmærket Visdom og i Ry for fortrinlig Dygtighed; thi ligefra hans Ungdom af dreves han af Attraa efter at skaffe sit Folk Berømmelse og at fæstne Freden saa langt hans Magt rakte. Da hans Fader nu saa, hvor vis og hvor overlegen i Kløgt den unge Mand var, overlod han ham en Hær og betroede ham Krigen mod Dalamantierne, som han selv længe havde ligget i Krig med[40]. Men Dalamantierne, der ikke kunde modstaa hans Angreb, købte til Kamp imod ham Avarerne, dem som vi nu kalder Ungarerne, et vildt og krigersk Folkefærd[41].

---

[36] i Aaret 880. Danerne vil her sige normanniske Krigere, der var sejlede op ad Elben. Jfr. Fulda-Aarbøgerne under Aar 880.

[37] Ludvig IV Barnet, den sidste Karolinger i Tyskland, † 911.

[38] Hvad der her fortælles om Hertug Otto er sagnagtigt og uhjemlet.

[39] ɔ: at der ingen stod over ham, idet han jo selv var baade Hertug i Sachsen og tysk Konge, sin egen Overherre. Stedet er meget betegnende for Widukinds udelukkende sachsiske Tankegang. Henrik blev født o. 876.

[40] De slaviske (sorbiske) Dalamantieres Land, der ogsaa kaldtes Glomaci (nu Lommatzsch), strakte sig paa begge Sider af Elben, vest for Meissen. Nu Lommatzschgau.

[41] i Aaret 906.

18.
Avarerne var efter nogles Mening Levninger af Hunnerne. Hunnerne er udgaaet fra Gotherne, men Gotherne igen, som Jordanes fortæller[42], er udgaaet fra en Ø ved Navn Sulza[43], og de kaldes Gother efter Navnet paa deres Fører Gotha. Engang blev nogle Kvinder i hans Hær anklagede hos ham for Giftblanderi, og efter en Undersøgelse blev de fundne skyldige. Da det imidlertid var særdeles mange, skaanede han dem for den fortjente Straf, men jog dem dog alle ud af Hæren. De bortviste søgte Tilflugt i en nærliggende Skov, hvorfra det imidlertid var dem umuligt at komme ud igen, da Skoven omsluttedes af Havet og af de møotiske Sumpe. Nogle af Kvinderne var frugtsommelige og fødte[44], og dette Afkom avlede nyt Afkom, dette atter nyt og saaledes videre, og paa den Maade opstod et mægtigt Folk, der levede som vilde Dyr, raa og tøjlesløse, og de blev vældige Jægere. Saaledes levede de er i mange Sekler, og de vidste ikke det mindste om den øvrige Verden; saa hændte det, at de paa Jagten saa en Hind, som de gav sig til at forfølge saa længe indtil de, idet Hinden stadig løb foran dem, tilbagelagde en Vej henover de møotiske Sumpe, som hidtil havde været utilgængelig for alle tidligere levende Mennesker, og her saa de Stæder og Byer og den før aldrig sete Menneskeslægt; de vendte saa tilbage ad den samme Vej og fortalte deres Fæller hvad de havde set. Nysgerrige ilede disse ud i Mængde for at forvisse sig om, at det var

---

[42] Jordanes, en Goter (eller Alaner) i 6. Aarh., der havde faaet Præstedannelse og som forfattede et Udtog af Verdenshistorien til Kejser Justinians Tid samt et Værk om »Geternes Oprindelse og Bedrifter«, en Goternes Historie der gaar til det i Italien grundede Østgoterriges Fald ved Midten af 6. Aarh. Begge Værker er uselvstændige, men medens det første er saa godt som værdiløst, fordi der er andre, langt bedre Kilder, er det sidste meget værdifuldt, fordi de Kilder, Jordanes her har benyttet, for en Del er gaaet tabt.

[43] Hos Jordanes hedder Øen Scandza eller Scandzia. Enten har Widukind læst forkert; eller ogsaa har det af ham kendte Haandskrift ved Fejlskrivning haft Formen Sulza.

[44] Hos Jordanes har Alruner Omgang med »omstrejfende urene Aander«, og af denne Forbindelse opstaar det vilde Folk.

sandt. Men da Indbyggerne i de nærmeste Byer og Stæder saa denne ukendte Mængde, blev de forskrækkede over deres Udseende og Dragt og tog Flugten i den Tro, at det var Dæmoner. De andre var i Begyndelsen grebne af Forbavselse over de nye Fremtoninger og afholdt sig fra Mord og Rov, men da de ingen Modstand mødte, blev de grebne af den menneskelige Begærlighed, øvede et stort Blodbad og skaanede derefter intet, og med stort Bytte vendte de tilbage til deres Hjem. Og da de saa, at det gik saa glat, vendte de tilbage igen tilligemed deres Hustruer og Børn og med hele deres simple Bohave, hærgede Nabo-folkene rundt omkring og gav sig endelig til at bosætte sig i Pannonien.

19. De blev imidlertid overvundne af Karl den Store og drevne over paa den anden Side af Donau og omsluttede af en uhyre Vold, der hindrede dem i som hidtil at hærge Landene[45]. Men under Arnulfs Regering blev Voldene nedrevet, og de fik saaledes Lejlighed til at øve Ulykker, fordi Kejseren var vred paa Mährerkongen Centopulch[46].

---

[45] I 10. Aarh. var det en almindelig Tro, at Karl den Store havde omsluttet Avarerne med en stor Vold. Denne Sagndannelses Udgangspunkt er vel en dunkel Erindring om Avarernes »Ring«, der i Beretningerne om Karl den Stores Avarerkrig skildres som en uhyre cirkelrund Lejr, omgivet af 9 koncentriske Volde — men den er altsaa, stik imod Sagnet i 10. Aarh., opført af Avarerne til Værn imod Fjender. Da Ringen ødelagdes af Karl den Store, er Widukinds Fortælling om Arnulf naturligvis urimelig. W. gengiver sagtens en gængs folkelig Forklaring af, hvorledes Ungarer-Ulykkerne kom over Tyskland. Sandsynligvis var det virkelig Kong Arnulf (887—99) der i Kamp mod det truende mähriske Rige kaldte Ungarerne til Hjælp, men naturligvis »nedrev« Arnulf ikke Volden eller befriede det indesluttede Avarerfolk. Det er ogsaa forkert naar Widukind mener, at Avarerne og Ungarerne er samme Folk. Avarerne forsvinder som Folk i 9. Aarh., før Magyarernes Komme.
[46] Centopulch, Zwentibald, Swatopluk, Rastislavs Efterfølger, var Mährens Hertug 870—894. De slaviske Mährer har Navn efter Floden March, den største Flod i det af dem i 6. Aarh. besatte Land, der derefter kaldes Mähren. Under Karl den Store blev de afhængige af Frankerriget, men under Frankerrigets fremadskridende Opløsning efter Karls og Ludvig den Frommes Tid blev

Om deres forfærdelige Hærgninger og om al den Fortræd de derefter voldte Frankerriget, derom vidner de Byer og Lande der endnu den Dag idag er øde og folketomme. Dette har jeg ment at burde fortælle om dette Folk, for at Du, højbaarne Fyrstinde, kan forstaa, hvad det er for Fjender, din Bedstefader og din Fader har haft at kæmpe med, og hvad det er for Fjender som næsten hele Europa er bleven befriet fra ved deres Omsigt og Dygtighed og deres berømmelige Vaaben.

20. Den omtalte Ungarer-Hær, som Slaverne havde lejet, hærgede frygteligt i Sachsen og tog et uhyre Bytte. Da den drog tilbage til Dalamantien, traf den paa en anden Hær af Ungarere, som truede deres Venner med Krig, fordi de havde forsmaaet deres Hjælp, medens de havde ført de andre til et saa vældigt Bytte. Saaledes skete det, at Sachsen for anden Gang hærgedes af Ungarerne, og medens den første Hær i Dalamantien ventede paa den anden, blev dette Land selv bragt i en saadan Hungersnød, at Indbyggerne dette Aar forlod deres egen Jord, for hos andre Nationer at tjene for deres Brød.

21. Da nu Fædrelandets Fader, den store Hertug Oddo var død, tilfaldt Hertugdømmet over hele Sachsen hans ophøjede og navnkundige Søn Henrik; han havde vel ogsaa andre Sønner, Thankmar og Liudulf, men de døde før han selv. Men Kong Konrad, der ofte havde maattet sande den ny Hertugs Dygtighed, turde ikke overdrage ham al[47] Faderens Myndighed, hvorfor han paadrog sig hele den sachsiske Hærs Vrede. Med hykleriske Lovprisninger over den gode Hertug, lovede han ganske vist at give ham mere og at udmærke ham ved store Æresbevisninger; men disse falske Ord og Løfter gjorde intet

---

de uafhængige under Hertug Rastislav, der indkaldte »Mährens Apostle« Methodios og Kyrillos. Det »stormähriske« Riges Selvstændighed ophørte med Ungarernes Erobring af det o. 905.
[47] Han fik vistnok ikke Thüringen.

Indtryk paa Sachserne, der tvertimod forestillede deres Hertug, at hvis Kongen ikke frivilligt vilde overdrage ham Faderens Værdighed, kunde han paa Trods af Kongen opnaa, hvad han vilde. Men da Kongen blev Sachsernes mere end sædvanligt truende Miner vár, og da han ikke i aaben Krig kunde faa Bugt med deres Hertug, fordi denne havde en Skare tapre Riddere og en talløs Folkehær til Raadighed, gav han sig til at pønse paa paa enhver Maade at rydde ham af Vejen ved List.

22. Og til denne Opgave havde han, fortælles der, en særdeles du-elig Hjælper i Hatho, Bisp i Mainz[48], en Mand af ringe Byrd; han var meget klog, men det var vanskeligt at afgøre, om hans Raad var gode eller daarlige, hvilket et enkelt Eksempel vil vise. I en Fejde mellem Konrad, Kong Konrads Fader, og Adelbert, Henriks Søster-søn[49], blev først Adelberts Broder dræbt; derefter hævnede Adelbert sin Broder ved at dræbe Konrad, og ingen af Kongerne kunde stanse denne vældige Fejde mellem disse mægtige Mænd. Endelig blev Bis-pen udsendt for at faa Ende paa den voldsomme Tvedragt. Han drog ind i Adelberts Borg og lovede ham edeligt enten at skaffe ham Fred med Kongen eller at føre ham uskadt tilbage i hans Stilling[50]. Tilfreds hermed bad Adelbert ham for Gunst og Venskabs Skyld at gøre ham den Ære at indtage et Maaltid hos ham. Dette vilde Bispen imidlertid ikke og forlod straks Borgen. Da han var kommen ud af Byen med sit Følge, skal han have udbrudt: »Ak, ofte maa én bede om det, han først sagde nej til; jeg gruer for den lange Vej og Natten, thi vi kan ikke rejse hele Dagen uden at faa noget at spise og drikke«. Adelbert kaster sig

---

[48] Hatho el. Hatto, Erkebisp i Mainz 891—913.
[49] Adelbert var Greve af Babenberg (B. en Borg ved Bamberg). Babenberger-Fejden 902—906 mellem Babenberger-Brødrene Adelbert, Adelhart og Hen-rik og Konradinerne endte med Babenbergernes Undergang.
[50] Her er et Ordspil, idet det latinske Ord *locus*, der bruges begge Steder, kan betyde baade Sted og Stilling (Forhold, Magt).

glad ned for Bispen og beder ham vende tilbage til Borgen for at spise. Ved at vende tilbage til Borgen med Adelbert har Bispen, efter sin egen Mening, indfriet sin Ed, fordi han har ført ham uskadt tilbage i hans Stilling[50]. Derpaa blev Adelbert af Bispen fremstillet for Kong Ludvig, dømt og henrettet. Kan der tænkes noget skændigere end en saadan Troløshed? Og dog frelses ved den ene Mands Fald mange Folks Liv; og hvad var vel bedre end det Raad, hvorved Tvedragt slettedes og Fred vendte tilbage? Med saadanne Rænker gav han sig nu i Lag med den os af den miskundelige Gud givne Mand. Han lod gøre til ham en gylden Kæde og bød ham til Gæst hos sig for at ære ham med rige Gaver. Imidlertid gik Bispen hen til Guldsmeden for at se paa Arbejdet, og da han saa Kæden, skal han have sukket dybt. Guldsmeden spurgte, hvorfor han sukkede, og han svarede, at det var fordi denne Kæde skulde vædes med en ypperlig Mands, hans Vens, Henriks Blod. Guldsmeden sagde intet dertil, men da Kæden var færdig og afleveret, udbad han sig og fik Orlov, drog Hertugen imøde, da denne just drog til Forhandling [med Bispen] og røbede for ham, hvad han havde hørt. Hertugen hidkaldte harmfuld Bispens Udsending, der alt for længere Tid siden var kommen til ham for at indbyde ham og sagde: »Gaa og sig Hatho, at Henriks Hals ikke er haardere end Adelberts, og at vi hellere vil blive hjemme og forhandle om, hvorledes vi kan tjene ham, end falde ham til Byrde med vort store Følge.« Hvorpaa han besatte alle Hathos Ejendomme i hele Sachsen og Thüringen. Ogsaa Burchard og Bardo, af hvilke den ene var Kongens Svoger, trængte han saa haardt og førte saa mange Fejder mod, at de maatte rømme Landet, hvorpaa han delte alle deres Ejendomme blandt sine Vassaller. Hathos Rænker var saaledes komne tilkort, og det var lige saa meget af Kummer herover som af Sygdom, at han faa Dage efter døde. Nogle sagde ogsaa, at han var bleven ramt af Lynet og lammet og derefter var død efter 3 Dages Forløb[51].

23. Kongen sendte imidlertid sin Broder med en Hær ind i Sachsen for at hærge Landet. Da han nærmede sig Fæstningen Heresburg[52], skal han hoverende have sagt, at hans største Bekymring var den, at Sachserne ikke skulde vove at vise sig foran Murene, saa han kunde komme til at kæmpe med dem. Ordene var endnu paa hans Læber, og se, da rykkede Sachserne imod ham, en Mil fra Borgen; de angreb Frankerne og tugtede dem saa blodigt, at de omrejsende Gøglere[53], i deres Viser udbrød, hvor der vel var et Helvede[54] stort nok til at rumme en saa stor Mængde faldne. Men Evurhard, Kongens Broder, der var bleven lettet for sin Frygt for, at Sachserne skulde holde sig borte — han fik sandelig deres Nærværelse at føle — og som uden Hæder var bleven slaaet paa Flugt af dem, drog bort.

24. Da Kongen hørte om Broderens uheldige Kamp, samlede han al Frankernes Magt og ilede afsted for at opsøge Henrik. Da

---

[51] Fortællingen om Hathos Forræderi findes ikke, i hvert Fald ikke saa udførligt, i alle Haandskrifter. Maaske har Widukind ikke villet eller turdet meddele den i den for Mathilde bestemte Afskrift, idet en saadan Historie om den tyske Kirkes Primas kunde tænkes at maatte forarge den fromme Prinsesse. I et af de bevarede Haandskrifter er hele Fortællingen indskrænket til følgende: »Adelbert skal en Gang være bleven bedraget af Biskop Hatho, endskønt han havde faaet sikkert Lejde, men vi vil ingenlunde paastaa sligt, da vi ikke kan bevise det. Vi holder det tvertimod snarere for Opspind og Folkesnak«. (!)
[52] Heresburg, nu Byen Ober Marsberg ved Diemelfloden.
[53] Widukind bruger det latinske Ord *mimus* som en foragtelig Betegnelse for en Gøgler. Men de gamle tyske Folkesangere var ikke saaledes ringeagtede, som Munken Widukind mente.
[54] Widukind bruger Ordet *infernus*, der gengiver oldsachsisk *hellia*, oldhøjtysk *helle*, nytysk *hölle*, samme Ord som *Hel* (slgn, slaa »ihjel«, Helvede). Sangerne har vel ikke ment Pinestedet, men snarere, i gammel hedensk Aand, Dødsriget.

han fik at vide, at denne havde søgt ind i det befæstede Grona[55], søgte han at indtage denne Fæstning, og sendte Bud til Henrik om frivillig Overgivelse, i hvilket Fald han lovede at være hans Ven og ikke hans Fjende. Medens der forhandledes herom, kom Thiatmar, en Greve i det østlige, en overordenlig krigskyndig, listig og raadsnild Mand, der neppe havde sin lige i medfødt Snuhed. Han spurgte straks, medens Kongens Sendemænd hørte derpaa, hvor Henrik vilde, Hæren skulde slaa Lejr. Henrik, der allerede var til Sinds at vige for Frankerne, fattede nu Mod ved at høre Tale om en Hær, i den Tro at der var noget om det. Men Thiatmars Tale var en List, thi han havde kun fem Mand med sig. Da nu Hertugen spurgte ham, hvor mange Krigshobe han havde med sig, svarede han, at han vel kunde have en 30 Hobe. Sendemændene lod sig narre og drog tilbage til Kongen, men Thiatmar overvandt saaledes ved sin Snuhed dem, hvem selve Hertug Henrik ikke havde kunnet overvinde i Kamp, thi før Daggry havde Frankerne forladt Lejren, og hver især af dem drog hjem.

25. Kongen drog nu til Baiern og sloges med Arnulf[56]. Her blev han efter nogles sigende saaret og drog saa tilbage til sit Hjem. Og da han følte sig nedbrudt saavel paa Grund af Saaret som over at hans gamle Lykke havde svigtet ham, kaldte han sin Broder, der var kommen for at se til ham, ind til sig og sagde til ham: »Jeg kan mærke, Broder, at jeg ikke kan leve længere. Gud har føjet det saaledes, og det er hans Vilje, og jeg kan heller ikke staa den haarde Sygdom igennem. Derfor skal Du nu overveje med dig selv og tænke paa hele Frankerriget, hvad der jo fremfor alt er din Pligt, og hør nu din Broders Raad. Vi har Tropper og Hære nok at samle og føre, vi har faste Borge og Vaaben, vi har Kongeværdigheden og alt hvad der hører til kongelig

---

[55] Grone, nær Gottingen.
[56] Arnulf var Hertug i Baiern.

45

Hæder — alt undtagen Held og Høviskhed[57]. Held og ædel Høviskhed, kære Broder, har Henrik, og Statens Velfærd ligger i Sachsernes Haand. Tag derfor disse Kongesmykker, den hellige Lanse, de gyldne Armringe, Kaaben og de gamle Kongers Sværd og Krone, gaa til Henrik og slut Fred med ham, paa det at du altid maa have ham til Forbunds-fælle. Hvorfor skal Frankerfolket sammen med dig gaa til Grunde for hans Øjne. Thi han vil blive en ret Konge og mange Folkeslags Her-sker.« Grædende gik Broderen ind paa hans Ønske, og derefter døde Kongen. Han var djærv og mægtig, dygtig i Fred og Fejde, gavmild, en i alle Retninger udmærket Mand. Han blev begravet i sin Borg Wili-naburg[58] under alle Frankers Jamren og Graad.

26. Evurhard gik, som Kongen havde paalagt ham, til Henrik og overgav sig til ham med alle sine Skatte, sluttede Fred med ham og vandt hans trofaste og fortrolige Venskab, som han bevarede lige til Døden. Derefter[59] samlede han Frankerhærens Høvdinger og ældste i Fridisler [Fritzlar] og udraabte ham til Konge i alt Franker- og Sachserfolkets Nærværelse. Da saa den daværende Erkebisp [af Mainz] Hiriger[60] vilde salve og krone ham, vilde han ikke tage derimod, ikke just fordi han kastede Vrag derpaa, men som han sagde: »Det er mig nok, at jeg fremfor mine Fædre kaldes Konge og udnævnes dertil efter Guds naadige Vilje og eders Helligheds Samtykke, men lad Sal-ving og Krone blive værdigere til Del, til saadan Ære holder vi os

---

[57] Betydningen af det latinske Ord *mores* er uklar; det synes dog nærmest at maatte oversættes ved Anstand, værdig Fremtræden, Høviskhed.

[58] Kong Konrad døde 23. December 918. Widukinds Udsagn om hans Begra-velse er ikke rigtig; han begravedes i Fulda, hvorimod hans Fader, Konrad den Ældre, begravedes i Weilburg (Wilinaburg) ved Lahn.

[59] ɔ: Maj 919.

[60] Hathos Efterfølger, var Erkebisp 913—927.

uværdige«[61]. Denne Tale syntes hele Mængden godt om; de løftede højre Haand i Vejret og udbrød den ene Gang efter den anden i rungende Hyldestraab for den ny Konge.

27. Da Henrik paa den Maade var bleven Konge, brød han op med hele sit Følge for at fejde med Alamaniens Hertug Burchard. Skønt denne var en vældig Kriger, følte han dog, meget klog som han var, at han ikke kunde staa sig i en Kamp med Kongen og overgav sig til ham med alle sine Fæstninger og hele sit Folk. Efter dette heldige Tog drog Kongen derfra mod Baiern, der stod under Hertug Arnulf. Da han havde faaet at vide, at denne sad i den faste Stad Reginesburg [Regensburg], gav han sig til at belejre ham dér. Og da Arnulf saa, at han ikke kunde modstaa Kongen, aabnede han Portene, drog ud til Kongen og overgav sig til ham med hele sit Land. Henrik modtog ham med Ære og hilste ham som Kongens Ven, og Kongens Magt, Myndighed og Ry voksede fra Dag til Dag. Han bragte Samling, Fred og Enhed i Riget, der under hans Forgænger havde været opløst af Fejder og Krige, og endelig drog han ogsaa mod Gallien og Lothars Rige[62].

28. Lothar[63] var en Søn af Karl den Stores Søn Ludvig. Hans Brødre var Karl og Ludvig. Karl fik Landene Akvitanien og Wasconien (ɔ: Gascogne); Grænserne var mod Vest Barcellona, en By

---

[61] Den virkelige Grund til Vægringen var dog snarest den, at han ikke endnu var anerkendt af alle Stammer. Det var jo det konradinske Parti, der skaffede ham Kronen, og Konradinerne laa i Fejde med de sydtyske Hertuger, hvem det gjaldt at vinde. Henrik kunde derfor ikke, som Sagerne stod, krænke disse ved udelukkende at lade Konradinerne og Erkebispen afgøre hans Valg.

[62] ɔ: Lothringen.

[63] Det er Lothar I, Kejser Lothar, † 855. Widukinds Udtryksmaade er uheldig, men Slægtskabsforholdet er i og for sig rigtigt nok fremsat: Karl den Store — Ludvig den Fromme — Karl, Lothar og Ludvig, og den Rigsdeling, der omtales, er Delingen i Verdun 843.

i Spanien, mod Nord det brittanniske Hav, mod Syd Alperne og mod Øst Floden Maas. Riget mellem Rhin og Maas tilfaldt Lothar, og Ludvig herskede fra Rhin til Illyriens og Pannoniens Grænser og til Eideren og Danernes Land. Under disse Brødre stod det berømte Slag ved Phontinith [Fontenoy][64] før denne Deling af Riget fandt Sted, men da Delingen var sket, stod den ogsaa urokkelig ved Magt indtil alle disse Riger ved Arveret tilfaldt Karl[65], den nu herskende ovenfor omtalte Lothars[66] Stamfader.

29. Til denne kom en Østfranker ved Navn Odo, en tapper og klog Mand. Takket være hans gode Raad gik det heldigt med en Krig med Danerne, som i mange Aar havde hærget Karls Rige, og paa en eneste Dag fældedes henved 100.000 af dem. Odo vandt herved stort Ry og holdtes for den ypperste i Landet næst Kongen, medens han, da han kom, ikke havde andet Følge end en Træl[67]. Paa sit

---

[64] Aar 841.

[65] Karl den Tykke, der formelt kom til at herske over hele Karl den Stores Rige 884—88. Men denne Karl den Tykke var rigtignok ikke Lothars Stamfader. Widukind forveksler her Karl den Skaldede († 871), Lothars Tipoldefader, med Karl den Tykke.

[66] ovenfor, ɔ: i Kap. 16. Denne Lothar regerede fra 954 til 986.

[67] Fortællingen om Odo er sagnagtig. Odo (Eudes) var Søn af den fra Normannerkampene i Frankrig berømte Hertug Robert den Stærke (Stamfader til Kapetingerne). Odo (Eudes) værnede Paris mod Normannernes Angreb i 885–89, og da Kejser Karl d. Tykke døde 888, valgtes han til Konge over Vestfrankerne (Frankrig). Fortællingen om de 100.000 »Danskere« (Normanner), der skal være faldne mod Odo, beror vel paa en forvansket Tradition om Pariserkampene. Odo regerede 888—98. Fortællingen om hans Løfte til den døende Konge (Kejser) Karl (den Tykke) beror atter paa en Forveksling, thi denne var og blev barnløs. Da derimod den vestfrankiske (Frankrigs) Konge Ludvig Stam døde 879, var hans Hustru Adelheid frugtsommelig og fødte nogen Tid efter en Søn, den senere Karl den Enfoldige. Ludvig Stams to ældre Sønner blev Konger efter deres Fader, men døde 882 og 884, hvorefter det østfrankiske Riges (Tysklands) Konge, Kejser Karl den Tykke blev Konge ogsaa i det

Dødsleje bød Karl Odo mindes den Gunst, han havde vist ham og ikke at nægte hans Søn, hvis en saadan blev født, den Miskundhed han selv havde nydt. Han havde nemlig endnu ingen Søn, men Dronningen var svanger. Og da der saa efter Faderens Død fødtes en Søn, gav Odo ham baade Faderens Rige og Navn. Men Kejser Arnulf, der jog den ældre Karl[68] ud af Tyskland, tog efter hans Død hans hele Rige. Ham overgav Odo baade Krone og Scepter og de øvrige Kongeprydelser og fik sin Herres Rige ved Kejser Arnulfs Naade. Derfor er der den Dag idag Strid om Riget mellem Karolingerne og Odos Æt, ligesom der er Strid om Lothars Rige [Lothringen] mellem Karolingerne og Østfrankernes Konger.

30. Derfor førte Kong Henrik sin Hær mod Karl[69] og slog dennes Hær gentagne Gange. Og Lykken stod den kække bi. Thi Hugo, hvis Fader Rodberth, Odos Søn, var bleven dræbt af Karls Hær[70], fik

---

vestfrankiske Rige (Frankrig), da Karl (den Enfoldige) jo endnu var et lille Barn; af samme Grund og paa Grund af det Ry han havde vundet i Kampen mod Normannerne, valgtes Odo efter Karl d. Tykkes Død til Konge i Frankrig, men han maatte dog aflægge en Slags Hyldingsed til den legitime Karolingiske Kongeætling Karl (d. Enfoldige), som efter Odos Død endelig blev Konge, 898 († 929). Det er denne Hyldingsed, som Widukind har haft en forvirret Forestilling om, og som han nu forvansker til et Løfte til den døende Kong (Kejser) Karl d. Tykke. — Odo menes at stamme fra Tyskland.

[68] Det var Karl den Tykke som blev afsat i Tyskland 887, hvorefter Arnulf blev valgt til Konge. Men Arnulf fik ingenlunde »hele« Karl d. Tykkes Rige, kun Tyskland og noget af Italien. Arnulf † 899; efter ham kom Ludvig Barn (899—911), den sidste af de østfrankiske (tyske) Karolinger. 911 blev Konrad af Franken Konge.

[69] Karl den Enfoldige, Konge i det vestfrankiske Rige 898 († 929).

[70] Robert var ikke Odos Søn, men hans Broder. I 922 jog Robert Karl ud af hans Kongsgaard i Laon og lod sig krone til Konge, men han faldt Aaret efter i en iøvrigt sejrrig Kamp med Karl, der da heller ikke fik Riget tilbage, idet Roberts Svigersøn Rudolf af Burgund blev Konge. Først efter hans Død (956) kom Karolingerslægten (med Ludvig den Engelske) igen paa Tronen. Det var

ham ved List i sin Magt og holdt ham som Statsfange lige til hans Død. Men da Kong Henrik hørte om Karls Skæbne, blev han bedrøvet og underlig til Mode over Lykkens Ustadighed i Menneskenes Liv, thi han udmærkede sig ikke mindre ved Fromhed end ved Tapperhed, og han besluttede at afstaa fra Krig i Haab om snarere at kunne overvinde Lothringerne ved List[71], da dette Folk var listigt og rænkefuldt, krigersk og uroligt. Paa den Tid var der blandt Lothringerne en Mand ved Navn Kristian, der, da han saa at Kongen havde Lykken med sig i alt, søgte Lejlighed til at indynde sig hos ham. Han lod som om han var syg og sendte Bud efter Isilberth, der efter sin Fader havde arvet Herredømmet over Landet, tog ham til Fange ved Svig og overgav Kong Henrik ham. Nu var Isilberth en Mand af fornem og gammel Æt, og Kongen tog med Glæde imod ham, fordi han mente, at han ved ham alene vilde kunne vinde hele Lothars Rige. Senere, da han saa, at den unge Mand var meget dygtig og fremragende ved Byrd, Magt og Rigdom, begyndte han at vise ham Velvilje, og tilsidst trolovede han ham med sin Datter Gerberga og knyttede ham saaledes til sig baade ved Slægtskab og Venskab, idet han tillige betroede ham hele Lothars Rige.

31. Foruden Gerberga havde Kongen ogsaa andre Børn med sin herlige, højædle og højvise Dronning Mathilde: den førstefødte, Verdens Lyst, Oddo, en anden, Henrik, opkaldt efter Faderen, en tapper og dygtig Mand, og en tredie der hed Brun[72], som vi har set røgte baade en Biskops og en stor Hertugs Embede, hvilket ingen

---

iøvrigt ikke Roberts Søn Hugo (den Store, Hugo Kapets Fader), der tog Karl den Enfoldige tilfange, men en anden Stormand, Herbert af Vermandois.

[71] En ejendommelig Form for »Fromhed«.

[72] Brun (Bruno) var Erkebisp i Koln 953—65, f. 925. Stod ved sin Broders, Otto I's, Side i Kampen mod de oprørske Hertuger af Schwaben og Lothringen, blev Hertug af Lothringen. Øvede stor Indflydelse paa Ottos Politik, var ivrig for at fremme Gejstlighedens Uddannelse, Klosterreformationen (ved Gennemførelsen af Benedikts Begler) og Opførelse og Udsmykning af Kirker.

maa regne ham til Last, da vi jo læser, at den hellige Samuel og mange andre Mænd samtidig var baade Præster og Dommere. Han havde ogsaa en Datter til, der var gift med Hertug Hugo[73]. Fru Dronningen selv var en Datter af Thiadrik, hvis Brødre var Widukind, Immed og Reginbern. Det var den Reginbern, der kæmpede mod og slog Danerne, som i lang Tid hærgede Sachsen, og saaledes lige til denne Dag friede sit Fædreland for deres Indfald[74]. Og de var af den store Hertug Widukinds Æt, han der i henved 30 Aar førte den vældige Kamp mod Karl den Store.

32. Da nu de indre Fejder hørte op, brød Ungarerne atter ind over hele Sachsen, brændte Stæder og Landsbyer og slog overalt Folk ihjel i saadan Mængde, at der var Fare for, at Landet skulde blive helt folketomt. Men Kongen opholdt sig i den faste Stad Werlaon[75], thi han havde ikke rigtig Tillid til sine endnu uøvede og med aabent Feltslag mod et saa vildt Folk uvante Riddere. Hvor meget de ødelagde i denne Tid og hvor mange Klostre de brændte, vil vi hellere tie med, end ved Omtale deraf bringe Ulykkerne i Minde igen. Det lykkedes imidlertid at fange en af Ungarernes Høvdinger, der bunden blev ført til Kongen. Ungarerne satte saa megen Pris paa ham, at de for at løskøbe ham tilbød en uhyre Mængde Guld og Sølv. Men Kongen kastede Vrag paa Guldet og forlangte Fred og opnaaede endelig ogsaa, at de mod at faa den fangne tilbage og ved andre Gaver sluttede en Fred paa 9 Aar.

33. Den Gang da Kongen var gaaet over Rhinen for at udstrække sit Herredømme over Lothringerne, kom der en Udsending

---

[73] Hertug Hugo den Store, Hugo Kapets Fader.
[74] Det er usikkert hvad her sigtes til, maaske en Kamp 885. Iøvrigt fortælles der II,20 om ny Kamp med Danskerne.
[75] En Kongsgaard ved Goslar.

fra Karl[76] til ham, hilste ham ydmygt og sagde: »Min Herre Karl, der fordum herskede som Konge, men nu er afsat, har sendt mig til Dig og lader Dig sige, at intet kunde være ham kærere, nu da han er i sine Fjenders Vold, og intet velbehageligere, end at høre noget om din voksende Magt og Hæder og vederkvæge sig ved dine Dyders Ry, og han sender Dig dette til Tegn paa sin Troskab og Ærlighed.« Dermed fremtog han af sin Kappe den dyrebare Martyr Dionysius's Haand indfattet i Guld og Ædelstene. »Dette skal Du have som Pant paa evigt Forbund og gensidig Kærlighed. Dig fremfor nogen anden har han ønsket at give dette Stykke af den Helgen, der var de i Gallien boende Frankers eneste Trøst, efterat den herlige Martyr Vitus havde forladt os til vor Ulykke og søgt til Sachsen til evig Fred for eder — thi siden den hellige Vitus Lig er flyttet fra os[77], har vi stadig haft Fejde og Krig, og samme Aar det skete, faldt Danerne og Normannerne ind i vort Land.« Kongen modtog den guddommelige Gave med al mulig Taksigelse, knælede ned for den hellige Relikvi, kyssede den og viste den den største Ærefrygt.

34. Den berømte Martyr[78], hvorom Karls Sendebud talte, var født i Provinsen Lycien og tilhørte en fornem hedensk Slægt. Hans Fader forestillede ham for Statholderen Valerianus, og denne vilde tvinge ham til at ofre til Afgudsbillederne; under dette visnede hans Haand, men ved Vitus's Bøn blev den atter rask. Bødlernes Arme visnede, men Martyren skaffede dem Helbredelse. Da nu hans Fader saa, at han spottede alle Pinsler, førte han ham hjem og lukkede ham inde i en Stue, hvori der var Overflod af alle Nydelser. Og da Hylas —

---

[76] Karl den Enfoldige.
[77] Sankt Vitus førtes 836 til Klostret Ny Korvei. Normanner plyndrede i Frankrig 834 og 836.
[78] Den her indskudte Fortælling om Sankt Vitus (Sankt Veit), hvis Festdag er 15. Juni, er en Gengivelse af den gængse Legende.

saaledes hed Faderen — her saa visse hemmelighedsfulde Ting, blev han blind. Dette bragte ham til at falde fra Afguderne og bekende Kristus, men da hans Søn Vitus havde skaffet ham hans Syn igen, fornægtede han Kristus og stræbte Sønnen efter Livet. Efter en Engels Vink og Førelse tog Modestus, en noget ældre Lærer, Drengen, stak til Søs og kom til Floden Siler. Her hvilede de ud under et Træ, og medens de var optagne af at bede, bragte Ørne dem deres daglige Føde. Da der kom Folk for at se Drengen, prædikede han Kristus for dem og omvendte en Del, saa adskillige lod sig døbe. Paa Kejser Diokletians Bud drog han derpaa til Rom, og da han ved sine Bønner jog en ond Aand ud af Kejserens Søn, bød Kejseren ham ofre Røgelse til Guderne. Da han talte Kejseren haardt imod, blev han kastet for de vilde Dyr, men led ingen Skade. Saa blev han kastet midt ind i en gloende Ovn, men en Engel dæmpede Flammerne, og han gik uskadt ud. I tunge Jernlænker blev han derpaa ført i Fængsel, men her kom Gud Herren og en Mængde Engle og saa til ham. Tilsidst blev han bunden til en Pinebænk, kaldet catasta, sammen med Modestus og en fornem Kvinde ved Navn Crescentia, alle hans Ledemod blev knuste, men Kristus husvalede ham, thi hans Bødler blændedes af et Lyn fra Himlen og ræddedes af et vældigt Tordenbrag, saa de flygtede fra ham. Og pludselig befandt han sig paa det Sted, hvor han tidligere havde bedet — en Guds Engel havde ført ham tilbage dertil — og da de her havde bedet Dødsbønnen, overgav de deres Sjæle til Himlen. En fornem Kvinde, Florentia, jordede deres Legemer paa samme Sted, der hedder Marianus. Hans sidste Bøn har jeg ladet optegne for Din Højhed, for at Du deraf kan skønne, hvor højt Du bør elske ham og ved denne din Kærligheds Glød gøre dig værdig til hans evige Værn. Han sagde: »Herre Jesus Kristus, Du evige Guds Søn, opfyld deres Hjertes Attraa og fri dem fra alle denne Verdens Lænker og før dem ind til din Herlighed, alle dem der for min Skyld priser dig og vil berømme min Martyrdom.« Efter disse Ord fulgte den guddommelige Forjættelse om, at alt hvad han havde bedet om, skulde opfyldes og staa ved Magt. Lang Tid efter kom en Mand ved Navn Fulrad[79] til Rom, og da han her læste om den dyrebare Martyrs Liv, mærkede han sig det Sted, hvor Graven var, og han kom [igen] og tog de hellige Relikvier med sig og opstillede dem i Paris. Derfra blev de under Kejser Ludvigs Regering overførte til Sachsen, og fra da af begyndte det, som Karls Sendebud sagde, at gaa tilbage for Frankerne, men fremad for Sachserne, indtil de er blevne saa mægtige, at de har Møje af deres egen Magt, saaledes som vi ser det ved din Fader, Verdens Lyst og hele Jordkresens Hersker, hvis Stormagt ikke blot Tyskland, Italien og Gallien, men saa at sige hele Europa maa bøje sig for. Derfor skal Du ære en saa mægtig Værnehelgen, ved hvis Komme Sachsen fra et ufrit Land blev et frit, fra skatskyldigt blev Herre over mange Folk. Thi vel trænger en saadan mægtig Ven af den højeste Gud ikke til din Gunst, men vi, hans Tjenere, trænger til ham, og ligesom det er vort Ønske, at Du maa kunne vinde hans Forbøn hos Himlens Hersker, saaledes er det vor Bøn, at Du skal være vor Fortaler hos den jordiske Konge, din Fader og din Broder.

35. Hvorledes nu Kong Henrik, da han havde faaet en Fred paa 9 Aar med Ungarerne, med aarvaagen Klogskab sørger for Landets Værn og for Erobring af Barbarfolkenes Lande, er det over min Evne at skildre, men jeg bør dog ikke helt lade være at omtale det. Først udvalgte han da blandt de Krigere, der havde Jordlodder, hver 9de og lod dem bo i Fæstninger, for at de her kunde indrette Boliger for de andre 8 Fæller og modtage og opbevare Trediedelen af Afgrøden. De 8 skulde saa og høste og samle Sæden for den 9de og anbringe den paa de dertil bestemte Steder. Tingmøder og alle Forsamlinger og Gæstebud bød han skulde holdes i Fæstningerne, hvis Opførelse dreves med Kraft Dag og Nat, for at Folket i Fredstid kunde lære, hvad de,

---

[79] Fulrad var Abbed († 764) for Saint-Denis-Klostret ved Paris.

om det blev fornødent, skulde gøre, naar der kom Krig[80]. Udenfor Fæstningen fandtes der slet ingen eller dog kun meget ringe Murbygninger. Medens han nu var i Færd med saaledes at opøve og optugte Folkene, angreb han pludseligt de Slaver, der kaldes Heveller[81], udmattede dem ved en Række Kampe og indtog endelig, efter at han under en haard Frost havde bygget en Lejr paa Isen, Byen Brennaburg [Brandenburg], efterat Sult, Sværd og Kulde havde kuet den. Med denne By faldt hele Landet i hans Hænder[82], og derefter vendte han sig mod Dalamantien, en Krig han fordum havde taget i Arv efter sin Fader. Han gav sig til at belejre Borgen Gana og indtog den endelig paa den 20de Dag. Byttet fra Borgen overlod han Krigerne, alle voksne blev dræbt, Drengene og Pigerne førte i Fangenskab. Derefter angreb han Prag, Bøhmernes Hovedstad, med hele sin Hær og modtog Kongens Underkastelse. Om denne Konge[83] fortælles forskellige Jærtegn, men da vi ikke har rigtig Rede derpaa, mener vi det rigtigst at tie

---

[80] Der er lier Tale om de østlige Egne af Sachsen. I Slutningen af 9. Aarh. var enkelte betydeligere Bebyggelser bleven forsynede rned Mure og Grave. I Aarene 924—933 var man altsaa optaget af at udvide disse Fæstningsarbejder til alle eksisterende Bebyggelser. Om et af disse Fæstningsarbejder — om Klostret Hersfeld (i Hessen) — hedder det i et samtidigt Helgenlevned, at Murene skulde være 12 Fod, høje, og at der 12 Fod foran Murene skulde graves en Grav. Paa sine Domæner, navnlig i de Egne der var erobrede fra Serberne, havde Henrik bosat mange af sine Tjenestemænd som Kolonister; det er dem, der her er Tale om. I de nybyggede Fæstninger skulde, i fornødent Fald, Egnens Folk finde baade Tilflugt og Levnetsmidler. Adskillige af disse murhegnede Flækker blev senere Midtpunkter for Forbindelsen med de omboende Folk, saaledes Quedlinburg, Merseburg, Meissen.
[81] Heveller ɔ: de Folk der boede ved Floden Havel (med Hovedfæstningen Brandenburg).
[82] I Vinteren 927—28.
[83] Hertug (ikke Konge) Venceslav I (926—935) blev myrdet af sin Broder Boleslav, der var i Forstaaelse med hedenske Stormænd. Æredes senere som Bøhmens Værnehelgen.

derom: men i hvert Fald var han en Broder til Boleslav[84], der saa længe han levede var Kejseren [ɔ: Otto I] tro og huld. Saaledes gjorde Kongen Bøhmerne skatskyldige og drog derpaa tilbage til Sachsen.

36. Da Kong Henrik havde gjort Nabofolkene skatskyldige: Apodriterne, Wilzerne, Hevellerne, Dalamantierne, Bøhmerne og Redarierne[85], brød, midt under Freden, Redarierne deres Troskab. De samlede en stor Hob Mennesker, angreb Borgen Walsleben, fangede og dræbte alle Indbyggerne, og det var særdeles mange. Dette gav alle Barbarfolkene Mod til atter at rejse sig til ny Kamp. For at slaa deres Vildskab til Jorden overdroges der Bernhard, der netop havde faaet Styrelsen over Redariernes Land overdraget, en Hær og en Ridderskare, og som Medanfører fik han Thiatmar[86], og de fik Ordre til at belejre Borgen Lunkini [Lenzen]. Paa Belejringens 5te Dag kom Spejdere og meldte, at Barbarernes Hær ikke var langt borte, og at de havde besluttet næste Nat at angribe Lejren. Da flere sagde det samme, skænkede Folket de ensartede Udsagn Tiltro, og da Folket samledes til Møde om Markgrevens [ɔ: Bernhards] Telt, bød denne efter sin Medanførers Raad, at de skulde holde sig rede Natten igennem, for at Fjenden ikke skulde overrumple Lejren. Men da Mængden var gaaet bort, herskede der i Lejren baade Ængstelse og Glæde, idet nogle frygtede Kampen, andre længtes efter den, og Krigerne var, hver efter sit Anlæg, delte mellem Frygt og Haab. Imidlertid gik Dagen til Ende og Natten kom, mørkere end sædvanlig og, efter Guds Vilje, meget regnfuld, saaledes at Barbarernes onde Forsæt gjordes til Skamme. Efter

---

[84] Boleslav I, den Grusomme, 935 —67. Kejser Ottos venskabelige Forhold til Boleslav, Brodermorderen, er sikkert Aarsagen til, at Widukind ytrer sig forbeholdent om den myrdede, hellige Hertug.

[85] slaviske Folk øst for Elben; Redarierne i det nuværende Mecklenburg-Strelitz.

[86] Slgn. Kap. 24.

Ordre var Sachserne under Vaaben hele Natten, og ved Daggry gaves Signal; alle modtog Sakramentet og svor, først Førerne og derefter hver især hinanden at ville gøre deres bedste i den forestaaende Kamp. Og da Solen var staaet op — thi efter Regnen klarede det op igen — drog de med løftede Felttegn ud af Lejren. I første Linie red Markgreven, der straks angreb Barbarerne, men da hans lille Styrke ikke kunde faa Bugt med de talrige Fjender, vendte han tilbage til Hæren og meldte, at Barbarerne ikke havde noget overlegent Rytteri, men derimod en umaadelig Mængde Fodfolk, der dog var saa medtaget af Nattens Regn, at Rytteriet havde Møje med at faa dem til at gaa frem til Kamp. Da Solen nu skinnede paa deres fugtige Klæder, opsteg der en Damp derfra, hvorved Guds Folk fattede Haab og Mod, thi hans Aasyns Lys og Glans omstraalede dem[87]. Da der saa var givet Signal, og Markgreven opmuntrede sine Skarer, stormede de under høje Kampraab ind paa Fjenderne. Og da det paa Grund af Fjendemængdens Tæthed ligefrem var umuligt at bane sig Vej igennem dem. huggede vore Folk ind paa dem baade fra højre og fra venstre Side, og naar det lykkedes at afsondre nogle fra deres Fæller, blev de alle huggede ned. Da nu Kampen blev hed og mange faldt paa begge Sider, men Barbarerne dog stadig holdt Stand, forlangte Markgreven. at Thiatmar skulde komme de kæmpende Skarer til Hjælp. Denne sendte ogsaa en Fører med 50 brynjeklædte Mænd i Flanken paa Fjenden og bragte Uorden i Rækkerne, og fra da af var Fjenderne Dagen igennem prisgivne Død eller Flugt. Og medens nu Myrderiet rasede henover Markerne, søgte Fjenderne at flygte ind i den nærliggende Fæstning. Dette hindrede imidlertid Thiatmar, og de flygtede saa ud paa en Mose i Nærheden, saaledes at hvem af denne uhyre Mængde, der ikke var bleven hugget ned, sank til Bunds i Mosen. Af Fodfolket var ikke en eneste tilbage og af Rytteriet kun meget faa, og Krigen endte med alle Fjendernes Fald.

---

[87] Slgn. Lucas Evang. 2, 9.

Imidlertid opstod der uhyre Jubel over den nylig vundne Sejr; alle priste Førerne, og Krigerne priste hinanden indbyrdes — ogsaa de fejge, saaledes som det plejer at gaa efter slige Sejre[88]. Næste Morgen brød de op mod den omtalte Fæstning; Folkene dér overgav sig; de forlangte og fik Lov til at beholde Livet; de maatte vaabenløse forlade Fæstningen, men alt hvad der var af Trælle og alt Gods samt Hustruer og Børn og Barbarkongens hele Løsøre kom i Sachsernes Magt. I denne Kamp faldt ogsaa nogle af vore: to Liutharer og en Del andre Mænd af ædel Byrd. — Da nu Markgreven, hans Medanfører og de andre Høvdinger som Sejrherrer vendte tilbage til Sachsen, fik de en ærefuld Modtagelse af Kongen og megen Ros, fordi de med faa Tropper ved Guds naadige Hjælp havde vundet en saa herlig Sejr. — Thi nogle paastod, at der var falden 200.000 Barbarer[89]. Fangerne blev, som det var lovet dem, næste Dag halshuggede.

37. Glæden over den nys vundne Sejr øgedes yderligere, da der netop paa den Tid fejredes en kongelig Bryllupsfest med Pragt og Gammen, idet Kongen gav sin Søn Oddo Anglerkongen Ethmunds Datter, Adalstans Søster, til Hustru[90]. Hun fødte ham en Søn ved Navn Liudulf, der blev en stor Mand og med Rette alle Folk kær. Hun fødte ham ogsaa en Datter, Liutgard, som blev gift med Frankernes Hertug Konrad[91].

38. Da Kongen nu alt havde en Hær, der var dygtig i Rytterkamp, dristede han sig til at begynde Kampen mod de gamle Fjender

---

[88] Hele Sætningen en Efterligning af Sallust, Jugurtha, 53.
[89] Naturligvis en uhyre Overdrivelse. — Kampen stod 4. og 5. September 929.
[90] Otto I var første Gang gift med den angelsachsiske Kong Eadwards (901—24) Datter Edgitha (Edith), Søster til Kong Eadmund (940—46). Adalstan, Eadwards Søn, regerede 924-40.
[91] Konrad var ikke Hertug af Franken, men af Lothringen, hvilket Widukind ogsaa, rigtigt, siger II, 33.

Ungarerne. Han sammenkaldte alt Folket[92] og talte saaledes til dem: »I ved selv bedre end nogen, hvor store Farer eders Rige, der forhen var i Opløsning paa alle Sider, nu er friet fra; I har jo selv døjet meget i Fejder hjemme og Krige ude. Men nu har Gud naadig velsignet vor Møje og eders Tapperhed, saa I kan se et Rige i Fred og Enhed og Barbarerne overvundne og trælbundne. Nu staar der tilbage, hvad vi mener er nødvendigt, at vi alle som én rejser os mod vor fælles Fjende Avarerne. Hidtil har jeg maattet plyndre eder, eders Sønner og Døtre for at fylde deres Skatkammer, og nu nødes jeg til at plyndre Kirkerne og Kirkens Tjenere, da vi ikke har flere Penge, men kun den bare Krop. Derfor maa I nu tænke paa eders eget Velfærd og afgøre, hvad vi skal gøre i denne Sag. Skal jeg tage Kirkens hellige Kar og Prydelser og give Guds Fjender dem som Løsepenge for os? Eller skal jeg ikke hellere se at faa Raad til at gøre Gudstjenesten prægtigere, paa det at vi snarere kan blive løskøbte af ham, der i Sandhed er baade vor Skaber og Forløser?« Folket raabte højt og sagde, de vilde absolut forløses af den levende og sande Gud, thi han var trofast og retfærdig i alle sine Veje og hellig i alle sine Gerninger[93]. De lovede Kongen deres Hjælp mod det vilde Folk og rakte den højre Haand i Vejret til Bekræftelse af Pagten. Da Kongen havde sluttet denne Overenskomst med sit Folk[94], hævede han Forsamlingen. Derefter kom Sendemænd fra Ungarerne til Kongen for at hente de sædvanlige Gaver, men Kongen afviste dem haanligt, og de maatte vende hjem med tomme Hænder. Ved Efterretningen herom samlede Avarerne straks en stor Hær og ilede mod Sachsen. De

---

[92] Alt Folket, ɔ: Sachserne.

[93] Psalm. 145, 17.

[94] Denne »Overenskomst« mellem Konge og Folk er overordenlig oplysende for Kongedømmets Karakter. Kongedømmet er egenlig ikke en Institution, en Forfatning, men et personligt Forhold mellem Kongen og Folket. Et fælles Foretagende iværksættes ved en Overenskomst. Slgn. Kap. 36, hvor det fortælles, at Krigerne enkeltvis svor Førerne og hinanden at gøre deres bedste, ɔ: at kæmpe.

drog igennem Dalamantien og forlangte Hjælp af deres gamle Venner. Men da Dalamantierne hørte, at de vilde drage mod Sachsen og vidste, at Sachserne var rede til Kamp med dem, kastede de i Stedet for Gaver en fed Hund for dem, og da Avarerne ikke fandt Lejligheden gunstig til at tage Hævn for Krænkelsen, nu da de var paa Vej til en helt anden Kamp, fulgte Dalamantierne deres »Venner« et Stykke paa Vej med-haanlige Tilraab. Avarerne kastede sig nu skyndsomst muligt over Thüringernes Land og drog hærgende gennem hele Landet. Her delte de sig, og en Del drog mod Vest, for Vest- og Sydfra at trænge ind i Sachsen, men Sachserne og Thüringerne i Fællesskab begyndte Kamp med dem, fældede deres Førere og sprængte Resten af Vesthæren paa Flugt ud over hele Egnen. Af de flygtende omkom nogle af Sult, andre frøs ihjel, og atter andre blev hugget ned eller taget til Fange, og saale-des gik hele Hæren ynkeligt til Grunde, som rimeligt var. Den tilbage-blevne Østhær hørte imidlertid, at Kongens Søter, der var gift med Thüringeren Wido — hun var nemlig en Slegfreddatter[95] — boede i en nærliggende Fæstning og ejede meget Sølv og Guld; de gav sig da til at storme Fæstningen, og gik saa voldsomt frem, at de vilde have taget den, hvis ikke Nattens Mørke havde hindret dem. Men da de selve den Nat hørte om deres Fællers Nederlag, og at Kongen var paa Vej imod dem med en stor Hær — thi Kongen havde opslaaet sin Lejr paa et Sted der hedder Riade[96] — grebes de af Skræk og forlod deres Lejr, idet de efter deres Skik sammenkaldte de adsplittede Hobe ved at antænde et stort rygende Baal. Den følgende Dag førte Kongen sin Hær frem; han opmuntrede den til at sætte sit Haab til Guds Miskundhed, Gud vilde visselig hjælpe dem her som i de tidligere Kampe; Ungarerne var alles fælles Fjende; de skulde blot tænke paa at værne deres Land og deres Slægtninge; de skulde se, at Fjenderne straks vendte Ryg, naar de blot

---

[95] Derfor ikke gift med en Fyrste, men kun med en almindelig Godsejer.
[96] Usikkert hvor; sandsynligvis i Nærheden af Unstrut.

holdt ud og kæmpede mandigt. Ildnede af denne udmærkede Tale og ved Synet af deres Feltherre, der snart opholdt sig i forreste Række, snart i Midten, snart i Bagtroppen, stadig fulgt af Englen — thi med hans Navn og Billed var det fornemste Felttegn prydet[97] — fattede Krigerne Tillid og Mod. Kongen var imidlertid — som det viste sig, med Rette — bange for, at Fjenderne, naar de saa de brynjeklædte Ryttere, straks skulde gribe Fiugten; han sendte derfor en Hob Thüringer med kun ganske faa brynjeklædte Ryttere ud, for at de letrustede Fjender skulde forfølge dem og lokkes hen til Hæren. Saaledes skete det ogsaa, men ikke desmindre flyede de, saa snart de saa den væbnede Hær. saaledes at der paa 8 Miles Vej kun blev dræbt eller fanget ganske faa. Men Lejren blev stormet og alle Fanger friede[98].

39. Da nu Kongen var vendt tilbage som Sejrherre, takkede og prisede han Gud paa alle Maader, som det sømmede sig, for den Sejr, Gud havde givet ham over Fjenderne, og den Afgift, han plejede at give Fjenderne, overdrog han Kirken og bestemte rige Gaver til de fattiges Underhold. Og Hæren hilste ham som Fædrelandets Fader, stormægtig Herre og Kejser[99], og hans Magts og Tapperheds Ry bredte sig vidt og bredt til alle Konger og Folk. Derfor kom andre Rigers Høvdinger til ham for at finde Naade for hans Øjne og var ham hengivne, naar de havde erfaret, hvor trofast den herlige og store Mand var. En af dem, Herbert[100], Hugos Svoger, der trængtes af Rodulf, som mod al Ret og Billighed var bleven udraabt til Konge, bad Kong Henrik være

---

[97] Englen, ɔ: Erkeenglen Sankt Michael.

[98] Sejren over Ungarerne vandtes 15. Marts 933.

[99] Widukind bruger Ordet *imperator*, samme Ord som det der betegner Otto I's Værdighed som romersk Kejser. Hvad han egenlig her mener, er usikkert; sandsynligvis er det en ubehjælpsom Efterligning af et eller andet Sted i Oldtidslitteraturen.

[100] Den Side 50, Note 70, omtalte Grev Herbert af Vermandois (i Frankrig). Kong Rudolf, se sammesteds.

ham til Hjælp hos hans Herre. Nu var Kongen en Mand, der ikke kunde nægte sine Venner noget; han drog derfor til Gallien, talte med Kongen, fik Sagen ordnet og drog derefter tilbage til Sachsen. Og da han gerne vilde udmærke hele sit Folk, var der faa eller ingen blandt Sachsens gode Mænd, som han ikke hædrede med en herlig Gave, et Embede eller et eller andet Gods. Han var ikke blot stor i Klogskab og Visdom, han havde ogsaa et vældigt Legem, der gav hans kongelige Værdighed den fulde Anstand; i Kamplege var han alle saa overlegen, at de var bange for ham. Paa Jagt var han saa ihærdig, at han kunde nedlægge 40 eller flere Dyr paa én Jagt. Ved Gildebord var han munter, dog uden at tilsidesætte noget af sin kongelige Værdighed; thi han indgød paa samme Tid sine Krigere saa megen Hengivenhed og saa megen Frygt, at de, selv spøgvis, ikke turde tillade sig nogen Kaadhed.

40. Da han nu havde underlagt sig alle de omboende Folk, førte han en Hær mod Danerne, der hjemsøgte Friserne med Sørøvertogter; han slog dem og gjorde dem skatskyldige og nødte deres Konge Chnuba til at lade sig døbe[101]. Og da han saaledes havde undertvunget alle Folk rundt om, satte han sig tilsidst for at drage til Rom, men Sygdom hindrede ham deri[102].

---

[101] Dette sejrrige Tog mod Danskerne foregik 934. Chnuba var dog ikke Danmarks Konge, men Konge over Danske nede ved den slesvigske Grænse — maaske ogsaa over en Del af Holsten og Wagrien, sandsynligvis en Vikingekonge (se Steenstrup: Danmarks Sydgrænse og Herredømmet over Holsten ved den historiske Tids Begyndelse, 1900, S. 42 ff.). Chnuba (Gnupa) omtales paa de to slesvigske Runesten fra Vedelspang (Wimmer, De danske Runemindesmærker I, 1895, S. 48—72).

[102] Denne Widukinds Meddelelse er bleven meget diskuteret af tyske Historikere. Tænkte Henrik paa et Krigs- og Erobringstog til Italien? Eller var det blot en Pilgrimsfærd? Eller er Meddelelsen maaske urigtig? Da den senere italienske Kejserpolitik voldte Tyskland megen Skade, har nationaltyske

41. Og da han alt følte, at Sygdommen vilde faa Magt med ham, sammenkaldte han hele Folket, udpegede sin Søn Oddo til Konge og gav ogsaa sine andre Sønner Godser og Skatte, men Oddo, den ældste og dygtigste, satte han over Brødrene og over hele Frankernes Rige. Da han saaledes havde gjort Testamente paa lovlig Vis og alt var tilbørligt ordnet, døde han, den stormægtige Herre, Europas største Konge, han der ikke havde sin Overmand hverken i sjælelig eller legemlig Storhed. Men han efterlod sig en Søn, der var endnu større end han selv, og Sønnen et mægtigt og vidtstrakt Rige, som han selv ikke havde arvet fra sine Fædre, men selv vundet og kun havde Gud at takke for. Hans Kongetid var 16 Aar, hans Livstid omtrent 60. Hans Sønner førte hans Lig til Quedlinburg, hvor det under mange Folks Graad og Klage blev begravet i Sankt Peters Kirke foran Alteret[103].

Historikere været ivrige for at hævde, at den urtyske Sachserkonge Henrik I ikke har kunnet have italienske Erobringsplaner.

[103] Kong Henrik I døde i Memleben 2. Juli 936. Han blev Konge i Maj Maaned 919, regerede altsaa omtrent $17\frac{1}{4}$ Aar.

Anden Bog

1. Efterat nu saaledes Fædrelandets Fader, den største og bedste Konge, Henrik, var død, valgte hele Frankernes og Sachsernes Folk hans Søn Oddo, hvem Faderen alt forud havde udpeget til Konge, til deres Hersker, og Kongsgaarden i Aachen blev udpeget og bestemt til Foretagelsen af det almindelige Valg. Dette Sted ligger i Nærheden af Jülich, der har faaet Navn efter sin Grundlægger Julius Cæsar. Og da man var kommen derhen (ɔ: til Aachen), samledes Hertugerne og de fornemste Grever og den øvrige Skare af de fornemste Riddere i den Søjlegang, der staar i Forbindelse med Karl den Stores Basilika, og de satte den ny Hersker op paa en Trone, der var rejst dér, rakte ham deres Hænder, lovede ham Troskab og tilsagde ham deres Hjælp mod alle Fjender og gjorde ham saaledes efter gammel Skik til Konge. Og medens dette foretoges af Hertugerne og de øvrige Embedsmænd, stod Erkebispen med hele Præsteskabet og det menige Folk og ventede nedenunder i Kirken paa Kongens Indtog. Og da han kom, gik Erkebispen, iført Messesærk, Stola og Messehagel, ham i Møde, lagde sin venstre Haand paa Kongens højre, medens han selv førte Krumstaven i sin højre Haand, og skred nu frem midt i Kirken, hvor han stod stille, vendte sig derefter mod Folket, der stod rundt om — i denne Kirke var der nemlig indrettet rundtgaaende Søjlegange baade foroven og forneden — saaledes at han kunde ses af alle, og sagde: »Se, her

fremstiller jeg for eder den af Gud udvalgte, forhen af Kong Henrik ud-
pegede og nu af alle Høvdingerne kaarede Kong Oddo. Hvis I samtyk-
ker i Valget, saa giv det til Kende ved at række eders højre Haand i
Vejret«. Og alt Folket rakte højre Haand op og ønskede med høje Raab
den ny Hersker Held og Lykke. Derefter skred Erkebispen og Kongen,
der efter frankisk Sæd var iført en snæver Kjortel, hen ved Siden af
Altret, paa hvilket Kongesmykkerne laa: Sværdet med Sværdbæltet,
Kappen, Armbaandene, Staven, Sceptret og Kronen. Erkebisp var paa
den Tid[104] Hildiberht, Franker af Byrd, Munk af Stand, opdraget og op-
lært i Klostret i Fulda, hvor han med Rette naaede saa højt op, at han
blev udnævnt til Abbed for Klostret, men senere naaede han helt op
paa Erkebispestolen i Mainz. Han var en overordenlig hellig Mand og
nød Ry ikke blot for sin Aands naturlige Visdom, men ogsaa for sin
Lærdom. Det hedder sig. at han blandt andre Naadegaver ogsaa havde
faaet Spaadommens Aand. Da der nu opstod Strid mellem Erkebispen
i Trier og Erkebispen i Köln om hvem der skulde krone, klæde og salve
Kongen — den første[105] gjorde Krav derpaa, fordi hans Stol var den
ældste og paa en vis Maade oprettet af selve den salige Apostel Peter,
den sidste, fordi Aachen hørte til hans Stift, og hver for sig mente af
disse Grunde at Indvielsesæren tilkom ham — traadte de begge tilbage
for den af alle højtskattede Hildiberht. Han traadte da hen til Altret,
tog dér Sværdet og Sværdbæltet, vendte sig mod Kongen og sagde:
»Tag dette Sværd og forjag dermed alle Kristi Fjender, alle Barbarer
og alle slette Kristne, da efter Guds Vilje al Magt over hele Frankernes
Rige er dig overdraget til varig Fred for alle Kristne«. Dernæst tog han
Armbaandene og Kappen og iførte ham dem og sagde: »Denne Kjortel,
hvis Flige naar helt ned til Jorden, skal minde dig om, at Du skal gløde
i Trosiver og være ihærdig lige til Døden i at værne Freden«. Derpaa

---

[104] 927-37.
[105] Erkebispen i Trier, Rotbert (931—56), var desuden Broder til Enkedron-
ning Mathilde. Sankt Peter skulde have sendt Missionærer til Trier.

tog han Sceptret og Staven og sagde: »Disse Tegn skal minde dig om, at du skal ave dine Undersaatter med faderlig Tugt og fremfor alt være barmhjertig mod Kirkens Tjenere, Enker og faderløse. Gid Barmhjertighedens Olie aldrig maa hentørres paa dit Hoved, paa det at Du baade nu og i Fremtiden maa høste Løn for Evigheden«. Straks derpaa blev han salvet med den hellige Olie og kronet med Guldkronen af Erkebisperne Hildiberht og Wichfrid[106] og, da Indvielsen var rettelig fuldbragt af de samme Erkebisper, ført hen til Tronen, til hvilken en Vindeltrappe førte op; den var oprejst mellem 2 herlige Marmorsøjler, og Kongen selv kunde deroppe fra se alle og ses af alle.

2. Efterat man derefter havde priset Gud og højtideligt forrettet Messeofret, gik Kongen ned i Kongsgaarden; her gik han hen til det kongeligt smykkede Marmorbord og satte sig ned sammen med Erkebisperne og alt Folket, medens Hertugerne udførte Bordtjeneste. Lothringernes Hertug Isilberht, under hvis Myndighed Aachen laa, havde Overopsyn med alt; Evurhard[107] havde Tilsyn med Bordet, Frankeren Herman[108] havde Mundskænkene under sig; Arnulf[109] sørgede for hele Ridderskabet og for Valg af Lejrplads og Rejsning af Telte. Men Sigfrid, den ypperste Mand i Sachsen og den fornemste efter Kongen, besvogret med den afdøde Konge og ogsaa i Slægt med den ny, styrede[110] i denne Tid Sachsen, for at Fjenderne ikke imidlertid skulde bryde ind; hos ham var den yngre Henrik, hvis Opdragelse var overdraget ham[111]. Efter Festen hædrede Oddo med kongelig Gavmildhed

---

[106] Erkebispen af Koln (924—53).
[107] Hertug af Franken, Broder til Kong Konrad I.
[108] Hertug af Schwaben.
[109] Hertug af Baiern.
[110] Han var altsaa ikke Hertug af Sachsen — thi det var Kong Otto — men styrede i Konge-Hertugens Fraværelse. Han var Fætter til Kong Henriks første (forskudte) Hustru Hatheburg, se nedenfor Kap. 9.
[111] yngre Søn af Henrik I.

enhver især af Fyrsterne med passende Gaver, og den øvrige Mængde gik fornøjet hver til sit.

3. Imidlertid rørte Barbarerne[112] paa sig. Boleslav[113] dræbte sin Broder, der var kristen og skal have været en meget gudfrygtig Mand, og da han var bange for en Nabofyrste, fordi denne var Sachsernes Lydfyrste, erklærede han ham Krig. Denne krævede nu Hjælp af Sachserne, og disse sendte ham da ogsaa Asik med en Skare Merseburgere[114] og en stor Hob Hassegauere[115], og dertil føjedes en thüringsk Ledingshær. Merseburgerskaren var sammensat af Røvere, thi medens Kong Henrik var meget stræng overfor fremmede, var han i alle Ting meget mild mod sine Landsmænd, saa at han altid, naar han saa, at en Tyv eller Røver var tapper og skikket til Kriger, eftergav ham den fortjente Straf og bosatte ham i Merseburgs Forstad, gav ham en Jordlod og Vaaben og bød ham røve saa meget han turde i Barbarernes Land, men lade hans Landsmænd i Fred[116]. Af den Slags Folk var der paa den Maade samlet saa mange, at de kunde stille en hel Skare i Marken. Da nu Boleslav hørte om Sachsernes Hær, og at Sachserne for sig og Thüringerne for sig drog imod ham, delte han ogsaa, snarraadig som han var, sine Folk og besluttede at møde hver Hær for sig. Men da Thüringerne uformodet saa Fjenderne storme imod dem, blev de bange og flyede. Asik derimod og hans Sachsere samt de øvrige Hjælpetropper styrtede straks løs paa Fjenden, huggede de fleste ned og drev Resten paa Flugt og vendte saa tilbage til Lejren. Men da han ikke

---

[112] ɔ: de hedenske Slaver.

[113] Hertug af Bøhmen 935—67, jfr. Side 56, Note 83 og 84. Brodermordet fandt Sted 935.

[114] Merseburg er en By af slavisk Oprindelse (Mesibor. ɔ: Byen midt imellem Skovene).

[115] Fra Hasgau mellem Unstrut og Saale, hvor ogsaa Merseburg ligger.

[116] Denne ejendommelige Fremgangsmaade minder om de i I, 35 skildrede Foranstaltninger mod Ungarerne.

vidste noget om den Hær, der havde forfulgt Thüringerne, var han for uforsigtig efter den vundne Sejr, hvorimod Boleslav, da han saa, at vor Hær var oprevet, og at nogle var optagne af at drage Rustningen af de faldne, andre af at pleje deres Saar, atter andre af at sanke Foder til Hestene, samlede begge sine Hærafdelinger, den slagne og den der var vendt tilbage som Sejrherre, faldt over vore Folk, der var uforberedte og trygge efter Sejren, og fældede Feltherren og hele Hæren. Derfra drog han imod den omtalte Fyrstes Fæstning, tog den med Storm og udryddede dens Befolkning, saa den har ligget øde lige til nu. Denne Krig varede til ind i Kongens 14. Regeringsaar; fra da af var og blev han [ɔ: Boleslav] Kongen tro og huld[117].

4. Kongen tabte imidlertid ikke Modet ved Efterretningen om dette, men styrket af Gud rykkede han med sin hele Krigsmagt ind i Barbarernes[118] Land for at tøjle deres Vildskab. Ogsaa hans Fader havde ført Krig mod dem, fordi de havde krænket hans Søn Thankmars Gesandter, om hvem vi agter senere at tale. Den ny Konge besluttede nu at indsætte en ny Krigsøverste og valgte dertil en fornem, kraftig og klog Mand ved Navn Herman, som imidlertid ved denne Udmærkelse vakte Misundelse ikke blot hos de andre Stormænd, men ogsaa hos sin egen Broder Wichman. Denne, der var en myndig og tapper Mand, højtstræbende, krigskyndig og saa klog, at hans undergivne ymtede om, at han vidste adskilligt, der gik udover menneskelig Fatteevne, forlod derfor under Paaskud af Sygdom Hæren. Herman, der var i Hærens Fortrop, kom straks efter at have overskredet Grænsen i Kamp med Fjenderne, sejrede tappert over dem og vakte derved endnu større Nag hos sine Avindsmænd. Blandt dem var Ekkard, Liudolfs Søn, hvem Hermans Lykke forbitrede saaledes, at han svor enten at øve en større Daad eller dø. Han samlede derfor de tapreste

---

[117] Jfr. ovenfor Side 56 og Note 84. —Krigen standsede 950. jfr.III, 8.
[118] ɔ: Redariernes.

69

Mænd i hele Hæren, brød Kongens Forbud og drog med sine Ledsagere over en Sump, der strakte sig mellem den fjendtlige Fæstning og Kongens Lejr. Her stødte han straks mod Fjenden, blev omringet og fandt Døden tillige med alle sine Folk. Tallet pa dem, der faldt med ham og som han havde udvalgt af hele Hæren, var 18. Kongen fældede imidlertid en Mængde Fjender og gjorde Resten skatskydige og vendte derpaa tilbage til Sachsen. Dette skete d. 25. September.

5. Derefter kom de gamle Fjender, Ungarerne, for at prøve den ny Konges Dygtighed. De faldt ind i Franken med det Forsæt om muligt at trænge ind i Sachsen fra Vest. Men Kongen drog, saa snart han havde faaet Budskab derom, straks imod dem med en vældig Hær, slog dem paa Flugt og jog dem bort fra sine Grænser.

6. Da nu Krigen med de ydre Fjender stilnede af, brød indre Fejder løs. Thi Sachserne var bleven hovmodige over deres Konges Vælde[119] og holdt sig for gode til at tjene andre Folk og var for stolte til at yde nogen anden end Kongen alene Hyldest for de Len, de havde. Derover blev Evurhard[120] fornærmet paa Brunning, samlede en Skare Krigere, brændte hans Borg Elmeri [Helmern] og dræbte alle Byens Indbyggere. Da Kongen havde faaet dette Overgreb at vide, dømte han Evurhard til at bøde for 100 Talenter Heste, og alle de fornemme Riddere, der havde hjulpet med til Udaaden, til at bære Hunde[121] lige til Kongens By Magdeburg.

---

[119] For Widukind (og Sachserne) er Otto stadig Sachser, Sachsernes Hertug og Konge og som saadan Herre over de andre Stammer; Sachsen er Hovedlandet.
[120] Evurhard var Hertug af Franken, tillige Greve af Hessen. Brunning har da været en sachsisk Stormand, der har haft Len under Evurhard og nu ikke længer har villet staa under ham.
[121] »Hundebyrd«, en urgammel Straf, der beror paa Forestillingen om Hundes Foragtelighed. Ligesom andre strafskyldige dømtes til at bære et Sværd, en

7. Just ved den Tid overførte Kongen Martyren Innocentius' Reli-kvier til denne By[122]. — Medens nu Kongen tugtede Fredsbry-derne som de fortjente, tog han, mild som han var, straks efter kærligt imod dem, viste kongelig Gavmildhed imod dem og sendte dem bort, hver især, i Fred. Men de hang ikke desmindre ved deres Hertug og fulgte ham i al Ugerning, fordi han var huldsalig, vennesæl mod jevne Folk og gavmild, og ved disse Egenskaber gjorde han sig mange af Sachserne til Venner.

8. Paa den Tid[123] døde Bayrernes Hertug Arnulf, og hans Sønner trodsede i Hovmod Kongens Bud om at yde ham Hyldest.

9. Ved denne Tid døde ogsaa Grev Siegfrid; hans Markgrevskab til-egnede Thankmar sig. fordi han var i Slægt med ham — thi hans Moder, med hvem Kong Henrik avlede Thankmar, var en Datter af Siegfrids Moster — men han maatte opgive det, idet Kongen gav Grev

---

Strikke el. lign, om Halsen som Symbol paa den Straf, han havde fortjent, saa-ledes skulde den til Hundebyrd dømte bære en Hund for at vise, at han var værdig til at slaas ihjel som en Hund eller hænges op ved Siden af en Hund. Mindet om denne Straf lever endnu i adskillige tyske Talemaader, i hvilke Stednavnet betegner Herredsgrænse; i Elsass: at bære Hunde til Lenkenbach, i Franken: at bære Hunde til Bautzen, ɔ: lide en Ydmygelse. — Hundebyrd var Straf for Fredsbrud.

[122] Den hellige Innocens Martyr, i Følge Legenden Fanebærer i den »theban-ske Legion« paa 6666 Mand, alle kristne, som led Døden fordi de ikke vilde ofre til Guderne. Det skal være sket under Kejser Diokletian eller rettere un-der dennes Medkejser Maximian, idet Legionen nægtede at deltage i Kristen-forfølgelsen. Legionens Chef var Mauritius, der selv var Kristen. Paa det Sted, hvor Legionen led Martyrdøden, rejstes Kirken og Klostret St. Moritz (Saint Maurice, i Kanton Wallis i Schweiz), et af de største og berømteste Klostre i Middelalderen.

[123] 937.

Gero[124] det, og herover blev Thankmar meget krænket. Men Kongen drog til Baiern og bragte Orden i Tingene der, hvorefter han vendte tilbage til Sachsen.

10.

Spliden mellem Evurhard og Brunning gik saa vidt, at der skete aabenlyse Drab; Jorddyrkerne myrdedes, og overalt sattes der Ild paa Husene. Ogsaa Lovenes Forskellighed voldte Trætte, og der var nogle der sagde, at Sønners Sønner ikke skulde regnes blandt Sønner og at de ikke rettelig burde tage Arv sammen med Sønner, naar deres Fædre døde medens Bedstefædrene levede. Derfor udgik der Kongebud om, at en Folkeforsamling skulde afholdes ved Kongsgaarden Steele, og det blev her bestemt, at Sagen skulde prøves ved en retslig Tvekamp. Kongen var imidlertid klog nok til ikke at ville have, at gode Mænd og Folkets Ældste skulde behandles usømmelig, og bød at Sagen skulde afgøres ved Tvekamp mellem professionelle Kæmpere[125]. Nu sejrede det Parti, der regnede Sønners Sønner blandt

---

124 Gero, »den store Markgreve«, fejret i Sang og Sagn (saaledes Niebelungen-kvadet), Markgreve og Hertug i Østmarken og som saadan optaget af at værne Grænsen mod Venderne ved Elb og Saale og undertvinge dem. 940 tog han Brandenburg, og Tyskheden fik nu fast Fod i Venderlandet mellem Elb og Oder. Se iøvrigt III 35, 54 og 75. Gero døde 965 og gravsattes i det af ham grundlagte Kloster Gernrode i Harzen.
125 Til Forstaaelse af dette Sted maa anføres, at Tvekamp var et meget almindeligt Hjælpemiddel i den gamle tyske Proces, et saa at sige nødvendigt Hjælpemiddel paa Grund af Processens overordenlig formalistiske Natur, i det en hvilkensomhelst nok saa ringe Formfejl fra en af Parternes Side medførte, at han tabte sin Sag, selv om iøvrigt nok saa meget talte for, han havde Ret. I Tvekampen var det da den personlige, fysiske Dygtighed der afgjorde Sagen, og det var Parterne selv, der kæmpede. Da den kristne Kirkeorganisation indførtes, kom imidlertid et nyt Bevismiddel ind i Rettergangen: Gudsdommen. I Hedenskabets Tid brugtes ikke Gudsdom, thi efter hedenske Gudsforestillinger hørte hverken Alvidenhed eller Sanddruhed med til Gudernes Væsen. Det var derimod Tilfældet med den kristne Guddom, og Gudsdomme (Ordalier) blev derfor et hyppig brugt Middel til at finde Sandheden. Af egenlige Gudsdomme

Sønner, og det blev slaaet fast ved en evig Pagt, at de skulde dele Arv lige med Farbrødre. Her blev ogsaa Fredsbryderne trukne frem, der hidtil havde hævdet, at de intet havde gjort imod Kongemagten, men blot hævnet Uret, deres Fæller havde lidt. Skønt Kongen vel indsaa, at det var ham, der var bleven ringeagtet — de fandt heller ikke en Gang for godt at møde til Tinget trods Kongebudet — lod han dog Sværdet hvile foreløbig og tilgav, da Mildhed som sædvanlig laa ham nærmest[126]. Men denne Overbærenhed lokkede mange til endnu større Ufærd, thi oprørske Mænd øvede yderligere mange Skændsler, Manddrab, Troskabsbrud. Hærgninger og Ildebrande, og i hine Dage var der ringe Forskel paa Ret og Uret, Troskab og Mened.

11. Blandt andet sluttede ogsaa Thankmar sig sammen med Evurhard, samlede en mægtig Hær og belejrede Borgen Badiliki[127], hvor den yngre Henrik[128] opholdt sig, og efter at have givet

---

kendes bedst Kedelfang, Jernbyrd, Gang over gloende Plovjern, Drukneprøve, Nadverprøve — alle rigtige og egenlige Gudsdomme. Men tillige brugtes den gamle, hedenske Tvekamp, der efter sin Oprindelse og Natur slet ikke er en Gudsdom, men som man i kristen Tid tillægger en mirakuløs Karakter ligesom de egenlige Gudsdomme. Men idet Opfattelsen saaledes ændres, ændres selve Tvekampen, idet man ikke længer kræver selve Parternes personlige Kamp, men tillader Stedfortrædere, ofte professionelle Retskæmpere, der ligefrem lejedes — og det er dette Forhold, der her omtales — thi den mirakuløse Guddomsmagt kunde naturligvis ligesaa godt virke — man ræsonnerede endog: bedre, under disse Forhold, naar de kirkelige, liturgiske Ceremonier iagttoges. (Jfr. Grundriss der german. Philologie, Afsnittet Rechtsgang).

126 Denne Skildring er meget oplysende for de barbariske Samfundsforhold, for den fuldstændige Mangel paa Statsfølelse, der forklarer saa meget i Lensvæsenet. Iøvrigt vides andetsteds fra, at det ikke saa meget var Kongens »Mildhed« der var Skyld i, at han ikke tugtede Oprørerne, men vidtomfattende oprørske Bevægelser i Sachsen og Baiern og Udsigt til Oprør i Lothringen og Franken.

127 Nu Belecke ved Main, syd for Lippstadt.

128 Henrik I's Søn, Hertug af Baiern.

sine Krigere Borgen til Plyndring, drog han bort, medførende Henrik som om han kunde være en simpel Træl. Dér blev Gevehard dræbt, en Søn af Hertug Hermans Broder Udo, et Drab, der efter den alraadende Guds Vilje voldte Splid mellem Frankernes Høvdinger. Men Thankmars Krigere gjorde et rigt Bytte og var nu parate til alt. Senere indtog han Heresburg[129], slog sig ned i Fæstningen med en stor Kriger-skare og øvede derfra alskens Røverier; men Henrik var i Evurhards Magt. Paa den Tid blev ogsaa Dedi dræbt udenfor Borgen Laruns[130] Porte, medens Evurhards Mænd var inde i Borgen. Men da Wichman, der først var faldet fra Kongen, hørte om denne Oprørernes Ufærd, gik han i sig selv og sluttede Fred med Kongen, thi han var en meget klog Mand, og han var Kongen tro og huld til sin Død. Thankmar derimod, Kong Henriks Søn med en ædelbaaren Kvinde[131], var stadig kamply-sten, voldsom og krigskyndig, i Fejde hensynsløs og raa. Da hans Mo-der ejede store Godser, følte han sig, skønt han fra sin Fader havde mange andre Godser, dybt krænket over Tabet af sin Mødrenearv[132], og greb af den Grund til Vaaben mod sin Herre Kongen, til stor Ulykke for sig selv og for dem, der fulgte ham. Da Kongen nu saa, at Sagen ud-viklede sig saa farligt, drog han, om end ikke med Glæde, med stort Krigsfølge mod Heresburg for at tugte Thankmars Overmod. Men da Folkene i Fæstningen erfor, at Kongen var kommen med en stor Krigs-magt, lukkede de Portene op og indlod Hæren, der havde givet sig til at belejre Fæstningen. Thankmar flygtede hen i den af Pave Leo til den hellige Apostel Peter viede Kirke, men Hæren forfulgte ham helt ind i Kirken, særlig Henriks Mænd, der harmfulde higede efter at hævne den Krænkelse, der var tilføjet deres Herre, og undsaa sig ikke for at hugge Døren ind og trængte væbnede helt ind i det hellige Hus.

---

[129] Nu Ober Marsberg ved Diemel.
[130] Usikkert om Låer, vest for Meschede, eller Laar i Vestfalen.
[131] Hatheburg.
[132] Da Kong Henrik forskød Hatheburg, beholdt han hendes Godser.

Thankmar stod ved Siden af Altret, paa hvilket han havde lagt sine Vaaben og sin gyldne Kæde. Medens han nu forfra angrebes med Kastespyd, tilføjede en uægte Søn af Cobbo ved Navn Thiatbold ham under hæftige Skældsord et Saar, som Thankmar dog straks betalte ham tilbage, saa at han kort efter i Vanvidsrasen opgav Aanden; men en af Ridderne ved Navn Maincia jog sit Spyd ind gennem et Vindu ved Siden af Altret og gennemborede bagfra Thankmar og dræbte ham saaledes ved Altret[133]. Maincia selv, der havde fremmet Brodertvisten, satte senere i et Slag ved Bierten ynkelig baade Livet til og det Guld han skændigt havde røvet fra Altret. Da Kongen, der ikke havde været tilstede og intet vidste om dette, fik Efterretning derom, blev han yderst opbragt over Riddernes Frækhed, men da Borgerkrigen endnu rasede, kunde han ikke straffe dem. Han ynkedes over sin Broders Skæbne og viste sit Sinds Mildhed ved at holde en kort Lovtale over hans Dygtighed: derpaa lod han Thiadrik og tre af hans Tantes Sønner, der havde sluttet sig til Thankmar, efter frankisk Lov dømme til Strikken og hænge. Derefter førte han sine kamplystne Folk, der havde gjort et rigt Bytte i Heresburg, mod Lara[134], der imidlertid under Borggrevens Ledelse værgede sig kraftigt og gengældte Sten- og Spydkastene paa samme Maade. Men trætte af Kampen krævede de Vaabenhvile for at raadføre sig med Hertugen[135]. De fik den ogsaa, men Hertugen nægtede dem sin Hjælp, og derfor drog de ud af Borgen og underkastede sig Kongen. I denne Kamp vandt den alt i Forvejen berømte Mundskænk Tamma sig stort Ry. — Da Evurhard nu hørte om Thankmars Død og sine Mænds Frafald, tabte han Modet, kastede sig paa Knæ for sin Fange, bad om Tilgivelse og fik den paa skammelig Vis.

---

[133] Thankmar blev dræbt 938.
[134] Vel samme Sted som Larnu ovenfor.
[135] Evurhard.

12. Henrik var endnu paa den Tid meget ung, og hans Sind var uroligt. I ubændig Magtbrynde tilgav han ham paa det Vilkaar, at han skulde sammensværge sig med ham mod hans Herre og Broder Kongen og sætte Rigets Krone paa hans Hoved, hvis det var muligt, og dette gensidige Forbund blev ogsaa sluttet. Derpaa kom Henrik paa fri Fod og drog til Kongen, af hvem han blev modtaget med mere oprigtig Hengivenhed og Kærlighed end han selv kom med.

13. Ogsaa Evurhard gik, tilskyndet af Erkebisp Frederik[136], Hildiberhts Efterfølger, en meget brav og saare gudfrygtig Mand, til Kongen og bad ydmygt om Tilgivelse, idet han gav sig selv og alt sit Gods i Kongens Vold. Men for at hans Udaad dog ikke skulde være helt ustraffet, blev han sendt i en Slags Landsforvisning til Byen Hildesheim; men efter kort Tids Forløb blev han af den milde Konge taget til Naade og genindsat i sin gamle Værdighed.

14. Medens nu dette gik for sig hjemme, faldt vore gamle Fjender Ungarerne pludselig atter ind i Sachsen, slog Lejr ved Bodefloden og strømmede derfra ud over hele Egnen. En Dag blev en Høvding med en Del af Hæren sendt ud af Lejren og drog om Aftenen samme Dag mod Borgen Steterburg[137]. Men da Mændene i Borgen saa, at Fjenderne var medtagne baade af Marschen og af voldsomme Regnbyger, brød de dristig ud ad Portene, forskrækkede dem straks ved at istemme høje Raab og styrtede saa pludseligt over dem, fældede de fleste og slog Resten paa Flugt og tog en stor Mængde Heste og nogle Felttegn. De flygtende blev fra de Borge, der laa paa deres Vej og hvorfra deres Flugt blev iagttaget, skarpt forfulgte, og de fleste af dem hugget ned; selve Høvdingen blev trængt ned i en Mergelgrav og der fældet. Den øvrige Del af Ungarernes Hær, der drog nordpaa. blev af en

---

136 937-54.
137 nær Wolffenbüttel.

Slaver lokket ind paa Mosedragene ved Thrimining[138] og her omringede af Krigere, og de fleste gik til Grunde, medens Resten grebes af Skræk. Hærens Anfører undslap tilligemed nogle faa af sine Folk, men han blev grebet paa Flugten og ført for Kongen og maatte løskøbe sig i dyre Domme. Da alt dette rygtedes i Fjendens Lejr, opstod der stor Forvirring, og alle søgte Frelse i Flugt, og de har nu i 30 Aar ikke vist sig i Sachsen.

15. Derefter gjorde Henrik, der ubændigt higede efter Kongeværdigheden, et stort Gilde paa et Sted der hedder Saalfeld. Og da han som Kongesøn var rig og mægtig, skænkede han mange Mænd store Godser og vandt derved mange for sit Parti. Dog var der mange der ønskede det hele holdt hemmeligt, udelukkende for at de ikke skulde findes skyldige i Broderkrigen. Men de gav et Raad, hvorved Kampen lettere kunde bringes til Afslutning, dette nemlig, at Henrik selv skulde overlade Sachsen til sine Vasallers Forsvar og selv drage til Lothringerne, der var et ukrigersk Folkefærd. Saaledes blev det Kongen muligt straks at overvinde dem og i et eneste Slag at slaa Opstanden ned. Efter sine Krigeres Raad havde Henrik selv imidlertid som sagt forladt Sachsen og overgivet sine sachsiske og Thüringske Borge til sine Vassallers Forsvar, og drog med sine Venner til Lothringen. Rygtet om disse Begivenheder vakte Bestyrtelse overalt, fordi Grunden til dette bratte Frafald fra Kongen og denne pludselige Krig var ganske ukendt. Da Rygtet naaede Kongen, troede han først ikke derpaa, men da han ikke længer kunde tvivle om, at der var Krig, satte han i Hast med en Hær efter sin Broder. Og da han nu nærmede sig Fæstningen Dortmund, hvor der laa en Besætning af Broderens Folk, mindedes disse Folk Thankmars Skæbne og vovede ikke at oppebie Kongens Komme, men gik ud af Byen og overgav sig til ham. Den Mand

---

[138] Drömling, en Sumpegn Nord for Belmstedt.

der skulde holde Borgen til Henriks Haand hed Agina. Han maatte overfor Kongen forpligte sig ved en forfærdelig Ed til af al sin Evne at søge at bringe sin Herre bort fra Krig og til Fred og Enighed eller, hvis det ikke lykkedes, selv at vende tilbage til Kongen. Paa de Vilkaar fik han Lov at drage bort, og han opsøgte nu sin Herre. Men Hæren naaede under Kongens Anførsel frem lige til Rhinen.

16. Paa den Tid, da der var Krig mellem Evurhard og Kongen, var Kongens Kammermester, Hadald, bleven sendt til Isilberht for at virke for Fred og Endrægtighed, da denne endnu ikke havde taget aabenlyst Parti, men han blev ikke godt modtaget og blev holdt hen fra Dag til Dag. Men da han mærkede Hertugens Træskhed og ikke længer vilde finde sig i slig Underfundighed, sagde han: »I Kongens Navn og i alles Paahør stævner jeg dig til Møde for Kongens Domstol paa Dag og Time, eller ogsaa maa Du vide, at Du vil blive erklæret fredløs«. Paa lignende Maade var det ogsaa gaaet Biskop Bernhard[139], som Kongen havde sendt til Isilberht; heller ikke ham havde Hertugen vist skyldig Ære, og han havde maattet gaa med ubestemt Svar. Man siger endog, at Hertugen mer end én Gang havde misbrugt Seglene paa Kongens Breve. Men da nu Hadald saaledes havde sagt ham Besked, begyndte han at behandle ham bedre og gav ham ærefuldt Følge paa Tilbagevejen.

17. Henrik og Isilberht rustede sig nu til Krig, og de besluttede at rykke mod Kongen ved Rhinen. Agina drog over Rhinen, forud for Hæren, og fremstillede sig, ihukommende sin Ed, for Kongen. Han hilste ham ydmygt og sagde: »Din Broder, min Herre, ønsker dig Sundhed og Kraft og at Du længe maa herske over dit store og mægtige Rige; han lader dig sige, at hans højeste Ønske er jo før jo hellere at yde dig sin Tjeneste«. Kongen spurgte ham nu, om han tænkte paa Fred

---

[139] Biskop i Halberstadt 924—68.

eller Krig, men ved at se ud fik han Øje paa en stor Mængde, der med løftede Felttegn rykkede frem i Retning af den Del af hans Hær der allerede var gaaet over Rhinen. Han vendte sig om mod Agina og sagde: »Hvad vil denne Mængde, og hvad er det for Folk?« Denne svarede ganske roligt: »Det er min Herre, din Broder; hvis han havde villet lytte til mit Raad, var han kommen paa en anden Maade. Nu er i hvert Fald dog jeg kommen, saaledes som jeg havde svoret«. Da Kongen hørte dette, røbede hans Holdning den Smerte han følte over, at der ikke var Skibe ved Haanden, hvorpaa hans Folk kunde sætte over Rhinen; thi den vældige Flod var ikke til at komme over paa anden Maade, og de der var opstillede paa den anden Flodbred blev angrebne saa pludseligt og under saadanne Forhold, at der ingen anden Udvej gaves end enten at lade sig hugge ned af Fjenden eller søge at frelse Livet ved Kamp. Kongen strakte bedende sine Arme ud mod Gud og udbrød: »O Gud, almægtige, se i Naade til dit Folk, det Folk Du har sat mig til Herre over, frels det af Fjendens Haand, paa det at alle Folk kan se, at intet Menneske kan gøre mod din Vilje, Du som er almægtig og som lever og hersker i al Evighed«[140]. Folkene paa den anden Flodbred sendte imidlertid deres Oppakning og alt Tros til Xanten og holdt sig rede til at tage mod Fjenden. Og da der var en Dam imellem vore Folk og Fjenderne, delte Sachserne deres Mandskab, saaledes at den ene Del styrtede lige løs paa Fjenderne, medens den anden Del faldt dem i Ryggen. Saaledes angrebne i Centrum havde Fjenderne, skønt mange mod faa — det paastaas at af vore Folk var kun 100 brynjeklædte, medens Fjenderne havde en temmelig stor Hær —, en haard Dyst at bestaa. Da de trængtes baade forfra og bagfra, vidste de ikke, til hvilken Side de skulde værge sig, og da saa nogle af vore Folk, der kunde noget Fransk, gav sig til at raabe paa Fransk, at de skulde flygte, troede de, at det var

---

[140] Disse bibelske Vendinger kender Widukind fra det gamle Testamente (2. Moseb. 33, 13, Psalm. 10, 16)

deres Fæller, der raabte saaledes, og gav sig til at flygte. Den Dag blev mange af vore Folk saarede, og der var ogsaa nogle der faldt, bl. a. Ailbert den Hvide, der blev saaret af Hertug Henrik og faa Dage efter døde. Men Fjenderne blev allesammen enten fældede eller fangne eller i hvert Fald drevne paa Flugt og hele deres Oppakning og alle deres Sager blev fordelt blandt Sejrherrerne. Paa Lothringernes Side skal Godfred den Sorte have udmærket sig i dette Slag, men ogsaa den ovenfor omtalte Maincia[141] faldt den Dag.

18. Thüringeren Dadi[142] sendte nu Melding til Borgfogderne mod Øst, der stod paa Hertug Henriks Side, om Kongens Sejr, og at Hertugen selv var falden i Kampen og fik dem saaledes ved List til at overgive sig til Kongen, en Svig, som Henrik ikke lod uhævnet[143].

Af alle de faste Pladser beholdt Henrik kun to: Merseburg og Scheidungen. Efter Sejren besluttede Kongen at forfølge sin Broder og Svoger[144].

19. Ved Efterretningen om sine Borges Frafald og nedbøjet over Kongens nylige Sejr brød Henrik op med kun 9 Riddere, og det tog nogen Tid inden han naaede Sachsen, hvor han drog ind i Merseburg. Da Kongen hørte det, drog han ogsaa selv til Sachsen og belejrede med sin Hær den Fæstning, hvor Broderen opholdt sig. Den kunde ikke holde sig mod den overlegne Hær og maatte overgive sig efter omtrent 2 Maaneders Forløb. Henrik drog ud til sin Broder, der gav ham Fred i 30 Dage, for at han i Løbet af denne Tid kunde rømme Sachsen med sine Tilhængere; men hvis nogen af dem foretrak at gaa

---

[141] II, 11.
[142] III. 16 kaldes han Dadanus; han var Greve i Hasgau.
[143] I 953 blev Dadi landsforvist, se III, 16.
[144] Giselberht eller Isilberht, gift med Kongens Søster Gerberga, Hertug at Lothringen.

over til Kongen, skulde det staa dem frit for. Og herefter havde Sachsen i nogen Tid Ro for indre Fejder.

20. Men Barbarernes Frækhed voksede under vor Splid, og de brændte, myrdede og plyndrede utrættelig løs overalt og pønsede paa ved Svig at rydde Gero, som Kongen havde sat over dem, af Vejen. Men han forebyggede Svig med Svig, og det lykkedes ham i en eneste Nat at dræbe henved 30 af Barbarernes fornemste Mænd, mens de sov Rusen ud efter et overdaadigt Gilde. Alligevel kunde han ikke faa Bugt med alle de barbariske Folkestammer — paa den Tid gjorde ogsaa Abodriterne Oprør, slog vor Hær og fældede selve Føreren Haika — saa Kongen selv maatte gentagne Gange føre sin Hær mod dem. Han tilføjede dem adskillige svære Nederlag og bragte dem i den yderste Nød, men alligevel foretrak de Krig for Fred og vilde hellere lide alskens Nød end miste deres Frihed. Thi det er et haardført og sejgt Folk, der er vant til at leve meget tarveligt, og hvad der synes os besværligt, holder de saa at sige for en Nydelse. Der gik da ogsaa en rum Tid hen med en Kamp, i hvilken vore kæmpede for Ærens Skyld og for at styrke og udbrede deres Herredømme, medens det for Fjenden drejede sig om Frihed eller Trældom. Mange Fjender havde Sachserne i denne Tid at kæmpe med: Slaverne mod Øst, Frankerne mod Syd, Lothringerne mod Vest og mod Nord Danerne[145] og Slaverne, og derfor trak Kampen med Barbarerne i Langdrag.

21. Fra Kong Henriks Tid var der en slavisk Fange ved Navn Tugumir, der efter sit Folks Lov havde Arveret efter sin Fader til Herredømmet. over Hevelderne. Han lod sig ved en stor Pengesum og endnu større Løfter overtale til at overgive sit Land. Da han nu kom til Brandenburg, idet han lod som han hemmelig var undsluppet fra sit Fangenskab, vedkendte Folket sig ham og tog ham til Herre, og kort

---

[145] Steenstrup, Danmarks Sydgrænse, S. 51.

efter opfyldte han sit Løfte. Han lokkede nemlig sin Brodersøn, den eneste der var tilbage af Stammens Fyrsteslægt, til sig, tog ham til Fange og dræbte ham og gav Borgen og hele Landet under Kongens Herredømme, hvorefter alle Barbarstammerne lige til Oderfloden ligeledes overgav sig og betalte Skat.

22. Da Henrik nu maatte forlade Sachsen, drog han paany til Lothringerne og opholdt sig i nogen Tid med sine Vassaller hos sin Svoger, Hertug Isilberht. Men Kongen drog paany med en Hær mod Isilberht og hærgede hele den Del af Lothringen, der stod under ham. Isilberht selv blev belejret i Borgen Kievermont[146], men det lykkedes ham at undslippe, og da Belejringen paa Grund af de vanskelige Terrainforhold kun havde ringe Fremgang, drog Kongen tilbage til Sachsen efter at have hærget Egnen vidt og bredt.

23. Saa hørte han imidlertid Tale om en af Isilberhts Grever ved Navn Immo, en træsk og snedig Mand, og fattede den Tanke, at hans Rænker kunde udrette mere i Kampen end Vaabenmagt. Og træsk som Immo var, gav han sig ogsaa under Kongen, der var større og mægtigere end Hertugen, og greb til Vaaben mod denne. Det var det haardeste Slag der kunde ramme Hertugen, at han skulde have den Mand til Fjende, hvis Kløgt og Troskab han hidtil mest havde forladt sig paa, og hans Harme voksede yderligere, da Immo ved List fangede en Drift Svin der tilhørte ham. Hertugens Svinehyrder skulde lige forbi Portene til Immos Borg, og Immo lod da en Gris drive frem og tilbage udenfor og fik saaledes hele Svinehjorden til ad de aabne Porte at gaa ind i Borgen. Det var mere end Hertugen kunde taale: han samlede en Hær og gav sig til at belejre Immo. Nu fortælles der, at Immo havde en hel Del Bistader, som han lod rive løs og kaste mod Hertugens Ryttere, og Bierne stak Hestene, saa de blev vilde og begyndte at løbe løbsk

---

146 nu Chévremont.

med Rytterne, og da Immo saa dette oppe fra Muren, truede han med et Udfald med sine Folk. Da Hertugen flere Gange var bleven haanet af Immo ved den Slags Paafund, hævede han Belejringen, men da han drog bort skal han have sagt: Da Immo og jeg holdt sammen, kunde jeg uden Møje holde Styr paa alle Lothringerne, men nu kan jeg og alle Lothringerne ikke faa Bugt med ham alene.

24. Da Evurhard saa, at Krigen trak saa længe ud, kunde han ikke længer holde sig i Ro. Han gav Kongen en god Dag, brød som i Begyndelsen sin Ed og gjorde fælles Sag med Isilberht, og de to i Fællesskab søgte nu at bringe Krigsflammen til at brede sig. Vestriget alene var dem ikke nok; de brød ind over de østrhinske Lande og hærgede med deres Hær. Da dette rygtedes i Kongens Lejr — paa den Tid laa Kongen i Krig med Briseg [Breisach] og andre Borge der tilhørte Evurhard — var der mange der flygtede bort fra Lejren, og det saa ud til at være ude med det sachsiske Kongedømme. Men i al denne Opløsning viste Kongen, skønt kun faa Vassaller holdt til ham, en Fasthed og en Myndighed, som om der intet var i Vejen, til Trods for at endog Bisperne[147] faldt fra og lod deres Telte og Bohave i Stikken.

25. At fortælle Aarsagen til Frafaldet og røbe kongelig Løndom er ikke min Sag, men jeg mener dog, det er min Pligt at tilfredsstille Historiens Krav, og hvad jeg saa iøvrigt i denne Sag maatte fejle, maa man bære over med. Erkebispen[148] der var sendt til Evurhard for at slutte Fred og Forlig, og som selv var meget opsat paa at opnaa dette, satte ved den gensidige Overenskomst sin Ed i Pant og skal derfor have sagt, at han ikke kunde gaa fra den. Men Kongen sendte ham gennem

---

[147] Der sigtes hermed til Erkebisp Frederik af Mainz (937—54) og Biskop Rothard af Strassburg (933-950), hvis Tilslutning til Oprørerne omtales i Fortsættelsen af Reginos Krønike under Aar 939.
[148] Frederik.

Bispen[149] et Svar, der var i Overensstemmelse mod hans Kongepligt og erklærede, at det ikke vedkom ham, hvad [Erke]bispen havde gjort uden hans Befaling. Derfor blev denne, fordi han imod Skriftens Ord[150] ikke vilde være Kongen underdanig som en øverste Herre, men faldt fra ham, sendt til Hammaburg [Hamburg] i en Slags Forvisning, medens Biskop Rothard blev sendt til Ny Korvei. Efter kort Tids Forløb tilgav Kongen dem dog begge naadigt og skænkede dem sin Gunst og genindsatte dem i deres gamle Embeder.

26. Saa blev Herman sendt ud med en Hær for at tøjle de frække Hertuger. Han traf dem ved Rhinens Bred, og da han saa, at en stor Del af deres Mandskab ikke var tilstede, fordi de da allerede var gaaet over Rhinen med deres Bytte, blev Hertug Evurhard selv omringet af hans Krigere, der tilføjede ham mange Saar, skønt han slog drabeligt fra sig, og tilsidst styrtede han om gennemboret af Spyd. Isilberht flygtede og kom ombord paa et Skib sammen med flere af sine Folk, men Skibet kunde ikke bære dem og sank; Hertugen og alle de andre druknede og blev aldrig fundne igen[151]. Ved Budskabet om sine Folks Sejr og Hertugernes Død takkede Kongen den almægtige Gud, der saa mange Gange havde hjulpet ham, naar han trængte dertil. Over Lothringernes Land satte han Rikwins Søn Otto og bad ham opdrage sin Søstersøn[152], Isilberhts Søn, en flink lille Dreng ved Navn Henrik, og vendte tilbage til Sachsen. Drengens Moder giftede sig med Kong Ludvig[153], og Henrik, Kongens Broder, forlod Lothringen og flygtede

---

[149] Rothard.
[150] 1. Peters Brev 2, 13.
[151] Evurhard og Isilberht omkom 939.
[152] Isilberht var gift med Ottos Søster Gerberga.
[153] Ludvig IV, den Engelske (d'Outremer), Karl den Enfoldiges Søn, Konge i det vestfrankiske Rige (Frankrig), 936—54.

ind i Karlsriget. Hertugernes Fald fulgtes af en haard Vinter og Vinteren af en stræng Hungersnød.

27. Derefter greb Immo til Vaaben mod Kongen, om for Alvor eller paa Skrømt ved jeg ikke. Midt om Vinteren blev han omringet af en Hær og overgav sig tillige med sin Borg og var fra da af Kongen tro og huld.

28. Ogsaa Isilberhts Brodersønner gav sig ind under Kongen, men beholdt ikke desto mindre de Fæstninger, de havde. Ogsaa Kievermont [Chévremont] holdtes endnu besat af Ansfrid og Arnold, til hvem Immo sendte følgende Budskab: »Jeg har om mig selv ingen anden Mening end eders; om eder ved jeg, at I er dette Folks Fyrster. Nu er der jo ingen Tvivl om, at enhver evner mere med to Hænder end med én Haand, men derfor er det ogsaa sikkert, at tre overgaar én i Styrke. Og hvad tvinger os nu til at tjene Sachserne uden netop vor Tvedragt? Da de trængte jer med Vaabenmagt, mon de da kunde glæde sig over Sejren[154]? Det er dog visselig en Skam for Sejrherren at staa under andre. Jeg forlod den bedste af alle Mænd, han der opdrog mig fra Dreng af, altid viste mig Venskab og gav mig en ærefuld Magtstilling, vor fælles Herre Isilberht, og satte mit Liv i Vove ved at gaa over til Sachseren. Nu ved I, at han har vist mig Haan i Stedet for skyldig Ære, at jeg er i Livsfare, at jeg fra Frimand saa at sige er bleven Træl. For at I nu kan være sikre paa, at jeg mener det ærligt og har vort fælles Vel for Øje, vil jeg trolove dig, Ansfrid, med min eneste Datter, paa det I ikke skal kunne nære ringeste Mistanke om Troløshed. Udpeg derfor et Sted, hvor vi kan mødes til Forhandling, saa skal I af mig selv faa en saadan Sikkerhed for min Ærlighed, som mit Sendebud ikke har kunnet give jer«. — Skønt hærdede i deres Sind og fra gammel Tid mistroiske overfor Immo, kunde de ikke staa for denne

---

[154] Usikkert hvad der menes.

Snedighed; de lod sig daare af hans indsmigrende Ord og opgav et Mø-
dested. Her lod Immo nu lønligt opstille væbnede Mænd paa passende
Steder og tog dem svigefuldt til Fange begge to og sendte dem under
Bevogtning til Kongen, hvem han tillige sendte følgende Bud: »Den
største af dem[155] er den blødeste, han trænger hverken til Lænker eller
Slag; Trusler er nok til at faa ham til at røbe alt hvad han ved. Ansfrid
derimod er en haard Hals; det er store Ting, om selv haarde Pinsler
faar ham til at sige noget«. Da Kongen havde faaet dem i sin Magt, straf-
fede ham dem en Tid lang med haardt Fængsel, men senere viste han
dem naadig Mildhed og vandt dem for sig, hvorefter han sendte dem
bort i Fred. Da nu Aarsager og Begivenheder hænger saaledes sam-
men, at de ikke bør skilles ad i Fortællingernes Rækkefølge, maa ingen
dadle mig for at blande Tidspunkterne mellem hinanden, naar jeg stil-
ler senere Begivenheder foran tidligere.

29. Da Mildhed laa Kongens Natur nærmest, fattede han Medynk
med sin Broders haarde Stilling og overlod ham nogle Borge
til egen Raadighed og gav ham Lov til at bo i Lothringen.

30. Paa den Tid rasede Krigen med Barbarerne, og da den Kriger-
flok, der var stillet under Geros Kommando, udtyndedes un-
der de hyppige Krigstog, og Gaver og Belønninger af de skatskyldiges
Afgifter svandt ind, fordi Afgifterne jevnlig nægtedes, optændtes Kri-
gerne af et oprørsk Had til Gero. Men da Kongen havde hele Statens
Velfærd for Øje. stod han altid paa Geros Side, hvorfor Krigerne i deres
Forbitrelse vendte deres Had mod Kongen selv.

31. Dette Forhold fik Henrik Nys om, og — som det plejer at gaa
naar noget kærkomment bydes et bittert Sind — han fik let
disse Folk overtalt til at slutte sig til sig og fattede atter Haab om at

---

[155] ɔ: Arnold.

blive Konge, nu da han vidste, at Hæren var Kongen fjendsk. Der gik mange Sendefærd frem og tilbage mellem dem, og mange Gaver udveksledes, og tilsidst sluttede næsten alle Østlandets Krigere sig til ham. En forbrydersk Sammensværgelse planlagdes nu: i den forestaaende Paaske, mens Henrik selv var draget til Kongsgaarden[156] skulde Kongen dræbes og Kronen sættes paa Henriks Hoved. Skønt der ikke kom noget aabenlyst frem om dette, vaagede Gud nu som altid over Kongen, og han fik Nys om Anslaget kort før Paaske. Han omgav sig derfor med en Skare tro Vassaller baade Dag og Nat, og skønt Festen fejredes med al Pragt, og Kongen var til Stede overalt hvor Folket var, blev de sammensvorne dog meget bange. Efter Festen bød han imidlertid, især efter de Frankeres Raad der da var om ham, Herman, Udo og Konrad den Røde, at gribe de lønligt forraadte sammensvorne, døde eller levende. Den ypperste iblandt dem var den kække Erik, en Mand der, naar undtages denne Brøde, var en i alle Retninger udmærket og dygtig Mand. Da han mærkede, at væbnede Mænd nærmede sig ham, var han straks paa det rene med Sagens Sammenhæng: han greb sine Vaaben og sprang op paa en Hest, bestemt paa, som den modige og højsindede Mand han altid havde været, hellere at falde, omringet af Fjendernes Skare, end at overgive sig. Han faldt da ogsaa, gennemboret af et Spyd, den mandige, folkekære og mindeværdige Helt. De øvrige sammensvorne sparedes til den følgende Uge og led da efter Loven deres fortjente Straf for deres Brøde. De blev halshuggede. Henrik undflyede og forlod Riget[157].

32. I dette Aar viste der sig ogsaa adskillige Vartegn, idet Kometer lod sig se fra den 18. Oktober til den 1. November. Dette Syn vakte hos mange Rædsel og Angst for slemme Sygdomme eller for

---

[156] Quedlinburg.
[157] Han blev dog kort efter, fanget, men løslodes i Naade 941.

Forandring i Regeringen. Thi ogsaa forud for Kong Henriks Død havde der vist sig mange Jertegn, som for Eksempel at Solens Lys — i fri Luft og med klar Himmel — næsten forsvandt, men kastede et blødrødt Skær ind i Husene gennem Vinduerne. Ogsaa hed det sig, at det Bjerg, hvor den høje Herre[158] selv er begravet, udspyede Flammer paa mange Steder. Ja. der var endog en Mand der havde faaet venstre Arm hugget af og som næsten et helt Aar efter, en Nat mens han sov, fik Armen hel og sund tilbage, men som til Tegn paa Underet beholdt et Mærke som en rød Linje, der hvor Sammenføjningen var foregaaet. Men Kometerne fulgtes af store Oversvømmelser og disse af Kvægsyge[159].

33. Da Lothringernes Hertug Otto var død[160], og ligeledes Kongens Søstersøn Henrik[161], overdroges Hertugdømmet over Landet til Konrad, hvem Kongen ogsaa trolovede med sin eneste Datter[162]. Han var en kæk og tapper Yngling, dygtig baade i Fred og Fejde og afholdt af sine Vaabenfæller.

34. Den Gang styrede Berthold, Arnulfs Broder, Baiern. Han kæmpede sejrrigt mod Ungarerne og vandt megen Hæder og stort Ry derfor.

35. Kongens Magt øgedes fra Dag til Dag, og han nøjedes ikke med sit fædrene Rige, men drog til Burgund og bragte Kongen[163] og Riget under sin Myndighed. Den anden, han slog og

---

[158] Henrik I, der laa begravet i Peterskirken i Quedlinburg (højt liggende).
[159] Kometer og Oversvømmelse i 941 og 942 omtales ogsaa i Korvei-Aarbøgerne.
[160] Hertug Otto af Lothringen døde 943 eller 944.
[161] Isilberhts Søn; om hans Død vides intet.
[162] Liudgard, gift 947 med Konrad den Røde.
[163] Konrad I, Rudolf IIs Efterfølger, der var Konge over baade det cisjuranske og det transjuranske Burgund, genforenede 930, regerede 937—53.

undertvang, var Hugo[164], hvis prægtige ædelstenssmykkede Guld-smykke — som han skænkede Kongen — vi kan se straale paa Proto martyren Stefans Alter[165].

36. Da nu alle Riger holdt sig stille overfor ham, og alle hans Fjender bøjede sig for hans Magt, vendte han atter paa sin fromme Moders Formaning og Forbøn sit Sind til sin haardt prøvede Broder og satte ham efter Bertholds Død[166] over Bairernes Rige. Den saaledes tilvejebragte Fred og Samdrægtighed varede nu saa længe Henrik levede. Hr. Henrik var gift med Hertug Arnulfs Datter[167], en overmaade skøn og overordenlig klog Kvinde. Og Brødrenes Fred og Endrægtighed, Gud velbehagelig og Menneskene en Glæde, pristes snart over hele Verden, da de i Enighed øgede Riget, kæmpede mod Fjenderne og styrede Folket med faderlig Myndighed. Da Henrik var bleven Hertug i Baiern, slog han sig ingenlunde til Ro; han drog mod Aquileia og indtog den[168]; han kæmpede to Gange sejrrigt mod Unga-rerne, satte over Ticino[169], tog et stort Bytte i Fjendernes Land og førte derefter Hæren i god Behold tilbage til Fædrelandet. Saadanne store Mænd har Gud i sin Miskundhed skænket Verden til Fryd og Pryd; jeg mægter ikke at skildre deres Væsen, Holdning og Skikkelse, men helt dølge den Ærefrygt, jeg nærer for dem. kan jeg ikke. Han selv, den stormægtige, højædle Herre [ɔ: Otto], den ældste af Brød-rene, var en overordenlig from Mand og ihærdigere end nogen anden i sine Foretagender; samtidig med at han som Konge var frygtet, var

---

[164] Hugo den Sorte, *Hertug* af Burgund (*Hertugdømmet* B. = det nuvær. Bour-gogne).
[165] i Klosterkirken i Korvei, hvor Widukind levede.
[166] Berthold døde 947.
[167] Judith, Datter af Hertug Arnulf af Bayern.
[168] Han lod ved den Lejlighed Patriarken af Aquileia gilde.
[169] Nogle mener, der i Stedet for Ticino skal læses Tiza, ɔ: Theiss.

han altid vennesæl og gavmild; han sov kun lidt og talte altid i Søvne, saa man skulde tro, han var vaagen; han kunde ikke nægte sine Venner noget, og hans Trofasthed var mere end menneskelig. Thi vi har hørt Tale om forskellige Mennesker, der har været anklagede for ganske aabenbare Forbrydelser, men han har selv været deres Forsvarer og Hjælper og har ikke villet tro paa deres Brøde, og sidenhen har han været imod dem, som om de aldrig havde forbrudt sig mod ham. Hans Aandsevner er vidunderlige[170], thi efter Dronning Ediths Død har han lært sig Bogstaverne, som han forhen ikke kendte, og det saa godt, at han fuldkommen kan læse og forstaa Bøger. Desuden kan han tale Fransk og Slavisk, Sprog han dog kun sjeldent finder det rimeligt at bruge. Han er hyppig paa Jagt, han elsker Brætspil, og jævnlig øver han med kongelig Anstand den ædle Ridekunst. Hertil kommer hans vældige Skikkelse, der er ret et Udtryk for den fulde kongelige Værdighed. Hans Haar er graanet; hans Øjne er funklende og straaler, i hastige Blink, som Lynet. Hans Ansigt er rødligt, hans Skæg — imod gammel Skik — temmelig langt. Hans Bryst er dækket, saa at sige, med en Løvemanke; han er ikke mavesvær; hans Gang var tidligere hurtig, nu lidt tung; i sin Klædedragt følger han sine Fædres Skik og har aldrig brugt fremmede Moder. Man forsikrer, at han, saa ofte han skal bære Kronen, altid faster i Forvejen. Henriks Væsen var alvorligere, og derfor mente Folk, der ikke kendte ham, at han var mindre naadig og vennesæl. Han var karakterfast, og ogsaa han var trofast mod sine Venner — saaledes viste han en fattig Ridder den Ære at give ham sin Hustrus Søster til Ægte[171] og slutte Venskab med ham. Han var af ædel Skikkelse, og da han var ung, var der ingen Mand som ikke maatte neje sig for ham med Hensyn til Legems-

---

[170] Den følgende Skildring er i Formen i høj Graden Efterligning af Einharts Skildring af Karl den Store.
[171] Judiths Søster (Adelheid?) var gift med en Grev Burchard.

skønhed[172]. Den yngste af Brødrene, Hr. Brun, var højtbegavet og høj-lærd, mandig og dygtig. Da Kongen havde sat ham over de ubændige Lothringer, rensede han Landet for Røvere og opdrog Folket saaledes i Lovens Tugt, at Orden og Fred fik Overhaand i Landet.

37. Da nu Fejder og Krige hørte op, vandt guddommelige og men-neskelige Love Myndighed og Kraft. Og der opstod i denne Tid en haard Forfølgelse mod Munkene, idet nogle Bisper hævdede, at der i Klostrene hellere maatte være faa Munke med hellig Livsførelse end mange forsømmelige — de huskede nok ikke paa Husbonden, der for-bød sine Tjenere at sanke Ukrudtet sammen, men sagde, at begge Dele, baade Ukrudt og Hvede, skulde vokse sammen indtil Høsten — og dette forledte adskillige, der var sig deres egen Svaghed bevidst, til at aflægge Munkedragten og forlade Klostret og saaledes unddrage sig Præsteska-bets tunge Aag. Der var ogsaa nogle der mente, at Erkebisp Frederik ikke havde ment det oprigtigt, men havde haft den Bagtanke at ydmyge den ærværdige, Kongen hengivne Abbed Hadumar[173].

38. Hadumar var en overordenlig klog og virksom Mand. Da den berømte Kirke i Fulda i hans Abbedtid gik op i Luer[174], lod han det genopføre og fuldføre med langt større Pragt. Han havde Erkebis-pen[175] i Forvaring, da denne for anden Gang havde gjort sig skyldig i Sammensværgelse; i Begyndelsen holdt han ham med al Hæder, men senere, da han havde opsnappet Breve fra ham, ret strengt. Da nu Er-kebispen var sluppen fri, søgte han at hævne sig, men da han ikke ad Rettens Vej kunde komme den udmærkede Mand til Livs, prøvede han sin Magt over de allerringeste Klostre, for senere paa samme Maade at

---

[172] Kan maaske ogsaa oversættes: vandt han enhver ved sin Legemsskønhed.
[173] Hadumar, Abbed i Fulda 927—56.
[174] Aar 937. Den ny Kirke indviedes 948.
[175] Frederik, Erkebisp i Mainz.

give sig i Kast med de allerstørste. Men han fik ikke noget ud af al sin List, thi Abbeden beholdt Kongens Yndest og Venskab, og forskellige andre Grunde hindrede Erkebispen i at fuldbringe hvad han havde i Sinde.

39. Kongens Søster[176] fødte Kong Ludvig 3 Sønner: Karl, Lothar[177] og Karlman. Kong Ludvig selv blev forraadt af sine egne Hertuger og taget til Fange af Normannerne[178] og derefter efter Hugos Raad som Statsfange ført til Laon[179], men hans ældste Søn Karl[180] førte Normannerne med sig til Rouen, og her døde han. Da Kongen hørte det, sørgede han meget over sin Vens Skæbne og paabød et Felttog næste Aar til Gallien mod Hugo[181].

40. Da Kongen ved denne Tid opholdt sig i en Skovegn, hvor han gik paa Jagt, saa vi der Boleslavs Gisler, som Kongen i sin Glæde over dem lod fremstille for Folket.

41. Dette Aar[182] blev et Mærkeaar ved en for hele Folket sørgelig Tildragelse: Dronning Edith, salig Ihukommelse, døde. Paa hendes Dødsdag, d. 26. Januar, var der Suk og Graad over hele Sachsen. Hun nedstammede fra Anglernes Folk og udmærkede sig ikke mindre ved from Gudsfrygt end ved kongelig Byrd. I 10 Aar levede hun som Dronning, i det 11te døde hun[183]; i Sachsen boede hun i 18 Aar. Hun efterlod en Søn ved Navn Liudulf, hvem ingen i Samtiden kunde

---

[176] Gerberga.
[177] Konge i det vestfrankiske Rige (Frankrig) 954—66.
[178] 945.
[179] Urigtigt.
[180] I nogle Haandskrifter staar Karlman. Men Lothar var den ældste.
[181] Hugo Kapets Fader.
[182] 946.
[183] rigtigere: i det 10de.

overgaa hverken i indre eller i ydre Fortrin, og en Datter ved Navn Liutgard, der var gift med Hertug Konrad. Hun blev begravet i Byen Magdeburg i den ny Basilika i den østlige Ende af det nordre Skib.

Tredje Bog

1. Efter Dronning Ediths Død vendte Kongen al den Kærlighed, han havde næret til Moderen, til sin eneste Søn Liudulf og indsatte ham ved Testamente til Konge efter sig. Men Liudulf var endnu kun en 16 Aars Dreng.

2. Saa førte Kongen et Krigstog mod Gallien. Ved Byen Camaraca [Cambrai] samlede han Hæren og ilede mod Karlsriget[184] for at hævne den Krænkelse, der var tilføjet hans Svoger Ludvig[185]. Da Hugo[186] hørte det, sendte han Mænd til Kong Otto; han svor ved sin Faders[187] Sjæl — der forlængst var faren til Helvede, fordi han havde kæmpet baade mod Gud og sin egen Konge — at han havde en saa vældig Vaabenmagt, at Kongen aldrig havde set Magen. Og spottende tilføjede han nogle taabelige opblæste Haansord om Sachserne, at de var Krystere og at han i et Drag kunde sluge 7 sachsiske Spyd. Herpaa gav Kongen det berømte Svar, at han havde en saadan Mængde

---

[184] Karlsriget er en Betegnelse for det vestfrankiske Rige (Frankrig), hvor Karl den Stores Æt endnu regerede, medens den østfrankiske Del (Tyskland) siden 911 intet havde med Karolingerne at gøre.
[185] Se ovenfor II, 39.
[186] Hertug Hugo, Hugo Kapets Fader.
[187] Robert, Hertug og Konge, † 923, se Side 50, Note 70

Straahatte[188] — som han skulde vise ham — at hverken han eller hans Fader nogensinde havde set Mage. Og skønt det var en vældig Hær paa 32 Legioner, var der virkelig ingen som ikke brugte Straahat [undtagen Korvei-Abbeden Bovo og tre af hans Ledsagere. Bovo var en klog og anset Mand, som Gud viste os et Glimt af, men ikke lod os beholde[189]. Denne Abbeds Bedstefader, Bovo, vandt Ry ved en Gang at læse et græsk Brev for Kong Konrad, og hans Bedstefader hed ligesaadan og var ikke blot hans Overmand i Ælde, men ogsaa i alskens Dyd og Visdom. Han var igen en Sønnesøn af Warin, der fra Ridder blev Munk og som var den første efter Reglerne valgte Abbed i Ny Korvei[190]. Warin var en vidunderlig from Mand, og endda øgede han sine Velgerninger og fæstnede sin salige Ihukommelse ved at føre en dyrebar Skat til Sachsen, nemlig den dyrebare Martyr Vitus's Relikvier[191]][192].

Da Hugo fik Melding om Kongens Komme, blev han forskrækket og gav Ludvig fri, og Ludvig drog da Kongen i Møde og sluttede sig tilligemed sine Ledsagere til hans Hær.

3. Kongen gik nu mod Laon og angreb den. Derfra ilede han til Paris og belejrede der Hugo, og Martyren Dionysius's[193] Minde viste han ogsaa sømmelig Ærefrygt. Derfra førte han Hæren mod Byen Reims, hvor Hugos Søstersøn paa ulovlig og utilbørlig Vis var bleven indtrængt som Biskop, medens den retmæssige Biskop endnu levede.

---

188 Disse Straahatte var en ejendommelig Bestanddel af Sachsernes Dragt — saaledes som det bl. a. fremgaar af Billederne i »Sachsenspiegel«.
189 Han var kun Abbed i 6 Aar. 942—48.
190 Warin Abbed 826—856; Bovo I 879—890; Bovo II 900—916; Bovo III 942—948.
191 Se ovenfor I, 33.
192 Det indklamrede Stykke findes kun i et af Haandskrifterne, men anses for ægte.
193 Saint-Denis.

96

Men da Otto havde indtaget Byen, forjog han den uretmæssigt indsatte Biskop og gengav den retmæssige hans Kirke og Bispestol[194].

4. Derefter samlede han en Skare af hele Hæren udvalgte Krigere og drog mod Danernes By Rouen. Han tilføjede Indbyggerne følelige Tab, men de stedlige Forhold var vanskelige, og det faldt i med streng Vinter, saa Kongen efter 3 Maaneders Forløb med uforrettet Sag, men dog med Hæren i god Behold maatte vende tilbage til Sachsen[195]. Reims og Laon og de andre Byer, han havde erobret[196], overlod han Kong Ludvig.

5. Da Hugo saaledes havde faaet Kongens Magt og Sachsernes Tapperhed at føle, vilde han ikke anden Gang udsætte sig for et fjendtligt Indfald i sit Land, og da Kongen næste Aar[197] drog ud paa et nyt Felttog imod ham, gik han ham i Møde ved Floden Car[Chiers], underkastede sig ham og sluttede efter Kongens Bud Forbund med ham og var ham fra da af tro og huld[198].

6. Da Kongen nu saa, at hans Søn Liudulf var voksen, gav han ham en Hustru, en rig og højbyrdig Kvinde, Hertug Hermans Datter Ida, og kort efter Bryllupet døde Svigerfaderen og efterlod ham sit Hertugdømme[199] og alle sine Godser. Men da Liudulf havde faaet Magten, svandt det rolige Sind, han havde haft som Dreng. Han gjorde et

---

[194] Fremstillingen i dette Kapitel er helt igennem urigtig eller ukorrekt. Reims overgaves af Bispen uden Kamp, og først derefter drog Otto til Paris.
[195] Bevarede Dokumenter viser, at han opholdt sig i Frankrig fra November 946 til Januar 947.
[196] Disse Erobringer er højst tvivlsomme.
[197] August 947.
[198] Dette af Widukind ofte brugte Udtryk er i hvert Fald her ikke stemmende med Sandheden. Hugo var og blev uafhængig af Otto.
[199] Schwaben el. Franken.

Krigstog til Italien og indtog her nogle faa Byer, som han lagde Besætning i og vendte saa selv tilbage til Franken.

7. Ved denne Tid havde Berengar, en grum og havesyg Mand, der solgte Retten for Penge, tilrevet sig Magten og herskede i Lombardiet[200]. Han var bange for Kong Ludvigs kloge og dygtige Enke[201], og plagede hende paa mange Maader for at udslukke eller i hvert Fald fordunkle den Glans, der udstraalede fra denne højsindede Kvinde.

8. Ved denne Tid drog Kongen i Krig mod Bøhmernes Konge[202] Boleslav. Da man var i Begreb med at indtage en Borg der hed NyBorg[203], i hvilken Boleslavs Søn[204] holdtes indesluttet, afbrød Kongen meget klogt Kampen, for at Krigerne ikke under Plyndringen af de faldne skulde komme i Fare paa en eller anden Maade. Kongens Manddom og hans vældige Hær vakte imidlertid Boleslavs[205] Eftertanke. Han drog ud af Borgen og besluttede at underkaste sig den mægtige Konge fremfor at gaa til Grunde. Han stillede sig under Felttegnene[206] for at høre paa, hvad Kongen sagde og give ham Svar, og opnaaede tilsidst Tilgivelse. Derpaa vendte Kongen med Sejr og Ære tilbage til Sachsen.

9. Og da den omtalte Dronnings[207] udmærkede Egenskaber var ham bekendte, besluttede han at drage afsted, idet han foregav

---

[200] Berengar II, Konge af Italien 950—63. Han var i 940 flygtet til Otto og havde faaet Hjælp af ham mod Kong Lothar i Italien.

[201] Adelheid, der imidlertid ikke var Ludvigs men Lothars Enke. Da Kong Lothar døde, 22. Novbr. 950. vilde Berengar tvinge Adelheid til at ægte hans Søn Adalbert.

[202] Rigtigere: Hertug. Jfr. Side 56, Note 83—84.

[203] ɔ: Niemburg, tidligere Neumburg, øst for Prag.

[204] Boleslav II, Hertug 967—99.

[205] Vel den yngre Boleslav (II).

[206] Symbolsk Udtryk for Underkastelse.

[207] Adelheid.

at ville til Rom. Da han var kommen til Lombardiet, søgte han ved gyldne Gaver at prøve Dronningens Kærlighed til sig[208], og da han havde faaet tilforladelig Vished, giftede han sig med hende og fik med hende Byen Pavia, der er Kongens Residens. Men da hans Søn Liudulf havde set dette, forlod han i Vrede Kongen og drog til Sachsen. Her opholdt han sig i nogen Tid i Saalfeld, hvor fordum Henrik[209] havde lagt onde Raad op mod Kongen.

10. Da Brylluppet var bleven fejret[210] i Italien med kongelig Pragt, drog Kongen hjem i prægtig Brudefærd for at fejre den forestaaende Paaskefest i Sachsen til Glæde og Tilfredsstillelse for alle derhjemme. Ogsaa Kong Berengar fulgte, tilskyndet af Hertug Konrad[211], i hvis Varetægt Pavia og dens Besætning var overgivet, efter Kongen til Tyskland for at faa sluttet Fred med ham og rede til at lyde ham i alt hvad han maatte befale. Da han kom i Nærheden af Kongens By[212], kom Hertugerne og Greverne og de fornemste Folk i Kongsgaarden ham i Møde en Mil fra Staden, modtog ham med kongelig Ære, førte ham til Byen og opfordrede ham til at blive i et Herberg, der var indrettet til ham. Thi i 3 Dage blev det ham ikke tilladt at skue Kongens Aasyn. Dette tog Konrad, der havde ført ham hid, ilde op, og heri var Kongens Søn Liudulf enig med ham. De mistænkte Kongens Broder Henrik for af gammelt Nag at være Skyld deri, og undgik derfor hans Selskab. Men Henrik der vidste, at den unge Mand nu ikke længere havde sin Moders Støtte, begyndte at vise ham Ringeagt og det i den Grad, at han ligefrem haanede og skældte ham. Imidlertid mødtes Kongerne, og Berengar blev tagen til Naade af Kongen og Dronningen. Han

---

208 Et af de mange Sagn der dannede sig om Ottos og Adelheids Ægteskab.
209 II, 15.
210 December 951. Hjemfærd i Februar 952.
211 af Lothringen. g. m. Otto I' Datter Liutgard.
212 Magdeburg.

lovede Underkastelse og bestemte Tid og Sted — ved Byen Augsburg — til Afslutning af et godvilligt Forbund.

11. Da Mødet her nu fandt Sted, lagde Berengar sin Søn Adalberts Hænder i sine, og skønt han alt tidligere, da han maatte flygte for Hugo[213], havde underkastet sig Kongen, gentog han her i hele Hærens Paahør sin Troskabsed og gav sig i Kongens Tjeneste tilligemed sin Søn. Derefter tog han Afsked og drog i Naade og Fred tilbage til Italien. Der vakte en vældig Haglsten, der under Torden og Uvejr faldt ned fra Himlen, uhyre Undren hos en Mængde Mennesker der saa den.

12. Kongen fik med sin ophøjede Dronning flere Sønner. Den førstefødte var Henrik[214], derefter Brun[215]; den tredie[216] fik Faderens ophøjede Navn, og i ham haaber den hele Verden at faa en Herre og Kejser efter hans Faders Død. Han fik ogsaa en Datter, der bærer hans Moders ophøjede Navn[217], men om hende vover jeg ikke at sige noget, da hendes herlige Egenskaber overgaar alt hvad jeg kan sige eller skrive.

---

[213] Konge af Italien 926—47, Fader til Kong Lothar, Adelheids første Mand, af karolingisk Byrd. Havde først været Konge i Nedre-Burgund, men overdrog dette til Rudolf II af Øvre-Burgund 929, mod at faa overladt Italien. Ægtede den berygtede Marozia, Datter af den ligesaa berygtede Theodora, og søgte at blive Herre i Rom og Kejser, men blev jaget bort af sin Stifsøn Alberik. 945 rejste de lombardiske Stormænd under Berengar II sig imod ham og kaldte Otto til Italien. Hugo maatte flygte († 947), men hans Søn Lothar blev Konge i Italien.
[214] Hans Fødsels- og Dødsaar er ukendt.
[215] † som lille 957.
[216] Otto II, født 954 eller 955.
[217] Mathilde, hvem Widukind har tilegnet sit Værk, født 955, 966 Abbedisse i Quedlinburg, † 999.

13. Men nu hørte Kongen, da han drog omkring til Frankernes Landskaber og Borge, at hans Søn[218] og Svigersøn[219] pønsede paa Svig imod ham. Derfor lod han Erkebispen[220], der efter Sædvane forud for Paaskefesten førte et strængere Liv sammen med Eremiter og Eneboere, kalde tilbage, og Kongen tog ind til ham i Mainz og var hans Gæst i nogen Tid. Sønnen og Svigersønnen saa, at deres skændige Planer var røbede. Efter Erkebispens Raad bad de om og fik Lejlighed til at retfærdiggøre sig, og skønt deres Brøde var aabenbar og bevist, bøjede Kongen sig dog for deres Paastande i et og alt af Hensyn til, at baade Sted og Tid var ham ugunstige.

14. Paaskefesten skulde fejres i Aachen, men Kongen erfor, at der ingen passende Forberedelser dér var truffet. Han blev saa med megen Glæde og sømmelig Anstand modtaget af sin Moder, og den kongelige Anseelse, han næsten havde sat til i Franken, hævede han i sit Hjemland[221] til den gamle Herlighed.

15. Thi opmuntret af sine Venners og sit eget Folks[222] Nærvæ- relse erklærede han Overenskomsten[223] ugyldig og sagde, den var ham aftvungen, og han bød Sønnen og Svigersønnen at udle- vere Forræderiets Ophavsmænd til Afstraffelse: hvis ikke, maatte de betragte sig selv som Rigets Fjender. Erkebispen traadte i Skranken for den gamle Overenskomst, som om han vilde sørge for Fred og Enig- hed, men vakte derved Kongens Mistro og hans Venners og Raadgive- res dybeste Ringeagt. Dog mener jeg ingenlunde at turde fælde en Dom over ham i en Sag, jeg ikke ved fuld Besked om, men hvad jeg véd om

---

[218] Liudulf.
[219] Konrad af Lothringen.
[220] Frederik, jfr. II, 13, 24, 25, 37, 38.
[221] ɔ: Sachsen.
[222] ɔ: Sachsernes.
[223] med Broderen og Hertug Konrad, se III, 13.

ham, at han var stor i Bøn ved Dag og ved Nat, overmaade gavmild og en ypperlig Ordets Forkynder, det har jeg ikke ment at burde fortie. Iøvrigt hører Dommen over de forebragte Beskyldninger Herren til.

16. Da der ingen Afgørelse dér opnaaedes i disse Sager, stevnedes en almindelig Folkeforsamling til Kongsgaarden i Fritzlar for at drøfte disse Ting. Kongens Broder Henrik var her tilstede og kærede mangt og meget mod Erkebispen, og denne fik baade Kongens og næsten hele Hærens Vrede imod sig. thi efter Henriks Udtalelser troede de ham skyldig i et og alt[224]. Den sidste Krænkelse havde gjort Kongen mere barsk, og da et Par højtstaaende Mænd, der fordum havde haft hans Yndest og havde staaet ved hans Side i Kampen ved Bierten[225] nu blev anklagede og skulde rede for sig. men ikke var i Stand til at rense sig, overgav han dem til Henrik og dømte dem fredløse. De var af Thüringsk Æt og Grever af Stand og hed Dadan[226] og Vilhelm. Herover blev mange medskyldige meget forskrækkede. Da Forsamlingen var opløst og Mængden var skiltes ad. drog Kongen til de østlige Egne.

17. Men da Lothringerne mærkede, at Kongen var vred paa Hertug Konrad, og de selv længe havde været forbitret paa ham, fordi det var mod deres Vilje, han havde Hertugdømmet over dem, greb de til Vaaben imod ham. Men han førte uforfærdet og modig som en Løve sine Felttegn i Marken mod deres og nedhuggede med egen Haand en utrolig Mængde af dem; thi han for løs som et rasende Vilddyr, da hans Ven Konrad, Evurhards Søn, var falden i Slaget. Og da den kække Høvding havde en Skare tapre Riddere, og paa den anden Side den fjendtlige Hær stadig fik ny Forsyning, trak Kampen ud fra Middag

---

[224] Frederik blev afsat fra Erkekanslerembedet.
[225] Se II, 11 og 17, hvor Stedet imidlertid angives at være Xanten.
[226] Sandsynligvis den II, 18 nævnte Dadi.

til Aften, og Nattens Frembrud skilte de kæmpende, uden at nogen af dem kunde prale med Sejr.

18. Omkring ved den 1. Juli brød Kongen op med sin Hær og hjemsøgte sin Søn og sin Svigersøn med Vaabenmagt; de fjendtlige Fæstninger, han traf paa sin Vej, overgav sig eller blev tagne med Storm, og saaledes naaede han til Mainz, som hans Søn havde besat med sin Hær og hvor han, sørgeligt at sige, vaabenrustet ventede sin Fader. Her begyndte nu en Kamp, der var mere end en Borgerkrig, en frygtelig ødelæggende Kamp. Der blev ført mange Belejringsredskaber hen til Murene, men Folkene i Fæstningen sønderslog dem eller stak Ild paa dem. Der kæmpedes hyppigt udenfor Portene, men kun sjeldent blev der sendt Forposter længere ud[227], thi man søgte at trække Tiden ud, og det gik op og ned med alting; udenfor stod jo den Mand, man maatte frygte som Rigets nuværende Herre, indenfor den man maatte frygte som hans Efterfølger. Da nu Belejringen havde trukket ud i henved 2 Maaneder, blev der Tale om Fred, og Ekbert, en Fætter til Kongen, blev som Gidsel sendt ind i Fæstningen, for at enhver derinde fra trygt kunde komme ud i Lejren for at retfærdiggøre sig og forhandle om Vaabenhvile og Fred. Sønnen og Svigersønnen kom ud i Lejren og kastede sig for Kongens Fødder: de var rede til at lide alt for deres Brøde, naar blot deres Venner og Hjælpere, som de havde lovet Troskab, ikke blev straffede. Men Kongen der ikke kunde indse, hvorledes han i saa Fald kunde tage tilbørlig Straf over sin Søn, krævede de medskyldige i Oprøret udleveret. Dette vægrede de andre sig ved. bundne som de var ved gensidige Eder og om jeg saa maa sige hildede i den gamle Fjendes træske Snarer. Imidlertid opstod der stor Jubel i Lejren, og fra Lejren udbredtes det Rygte, at de aldrig vilde være gaaet ud af Fæstningen, hvis de ikke havde været rede til at lyde

---

[227] Oversættelsen tvivlsom; kunde ogsaa oversættes: men sjeldent blev Feltvagterne udenfor jagne bort.

Kongens Bud i alt. Men det Haab, man havde fattet, viste sig forgæves. Thi da de ikke lød Kongens Bud, gik Henrik i Vrede henimod Ynglingen og sagde: »Du praler af, at Du intet har gjort imod Kongen, min Herre, og se, hele Hæren ved, at Du har grebet efter Kronen og har villet gøre dig til Herre over Landet. Hvis det er mig. Du anklager som skyldig og hvis jeg har Skyld, hvorfor fører Du saa ikke dine Skarer mod mig? Angrib mig! — og han tog et Halmstraa op fra Jorden og tilføjede: Du skal ikke fratage mig eller mit Hertugdømme[228] saa meget som dette. Hvor kan det falde dig ind at volde din Fader Kummer med den Slags Ting? Du handler imod Guds Vilje, naar Du sætter dig op mod din Herre og Fader. Hvis der er noget ved dig og Du kan noget, saa udspy dit Raseri mod mig. thi jeg frygter ikke din Vrede«. Hertil svarede Ynglingen intet, men drog, efterat have hørt paa Kongen, tilbage til Fæstningen tilligemed sine Folk.

19. Men Kongens Fætter Ekbert, der var sendt som Gidsel ind i Fæstningen, lod sig lokke og daare til at falde fra Kongen, saa meget lettere, som han ogsaa i Forvejen var vred paa ham, fordi han var bleven dadlet for en uforsigtig Kamp, hvori han havde mistet sit ene Øje.

20. Medens disse Forhandlinger stod paa, faldt i den følgende Nat de Bairere, der havde ledsaget Kongens Broder[229], fra denne og sluttede sig til Liudulf, som derpaa i Hast brød op med dem og indtog den kongelige By Rainesburg [Regensburg] tilligemed de andre velbefæstede Borge i denne Egn og uddelte alt Hertugens Gods til sine Vassaller. Farbroderens Hustru[230], Børn og Venner blev fordrevne ikke blot fra Byen, men fra Landet. Alt dette, tror jeg, lod Gud ske, for at han, der efter hans Vilje skulde være mange Stammers og Folkeslags

---

[228] Baiern.
[229] Henrik var Hertug af Baiern.
[230] Judith.

ophøjede Konge, skulde lære, at han af sig selv kun evnede lidt, men med Gud alt.

21. Det var den yngre Arnulf[231], der sammen med sine Brødre udklækkede denne Plan mod Henrik, fordi denne blev indsat i hans Faders Rige, saaledes at han selv gik glip af Faderens Værdighed[232]. Fremdeles krævede og fik nu Hæren, træt af de lange Strabadser, Orlov, medens Kongen med et meget ringe Følge drog efter sin Søn til Baiern.

22. Han var nemlig selv mere udholdende, end man skulde tro om en Mand, der i sin Ungdom var bleven blødagtig opdraget. Tilsidst, da den store Mængde faldt fra, var der kun meget faa, der støttede Kongens Sag, blandt dem en vis Adalbert og nogle faa andre med ham.

23. Medens Kongen førte Krig med Mainz, styrede Herman Sachsen som Hertug[233] Da nu en ny Hær fra Sachsen skulde sendes til Forstærkning af den gamle, stilledes Thiadrik[234] og den yngre Wichman[235] i Spidsen for den. Da de var naaet til Frankernes Grænse, blev de pludselig omringede af Liudulf og Hertug Konrad og trængt ind bag en forfalden Borgvold. Den søgte disse at indtage, men et Hjulkast indefra sønderslog Armen paa Fanebæreren foran Porten, og derved afbrødes Kampen: der blev givet dem 3 Dages Vaabenhvile, saa de kunde vende tilbage til Sachsen.

---

[231] Søn af Bairer-Hertugen Arnulf.

[232] Se II. 8 og 36.

[233] Se II, 4.

[234] En sachsisk Stormand, der 965 fulgte efter Gero som Markgreve i Østmarken.

[235] Søn af den ældre Wichman (se II. 4 og 11) og Dronning Mathildes Søster, Brodersøn af Herman.

24. Thiadrik fristedes af Liudulf med store Løfter, og Wichman blev helt vundet. Han begyndte at anklage sin Farbroder[236] og sige, at han havde røvet hans fædrene Arv og stjaalet hans Skatte. Hvor klogt og forsigtigt Herman, der vidste god Besked med Rænkerne, var paa sin Post mod sine Frænder og aabenbare Fjender, er det imidlertid vanskeligt at fremstille i alle Enkeltheder.

25. Ganske vist forbandt Ekbert sig med Wichman, og de rejste sig i Fællesskab mod Hertugen og lod ham ingen Ro. Men han tæmmede med ædel Taalmodighed de unge Mænds Vildskab og sørgede for, at der ingen Rejsning blev af i disse Egne, medens Kongen var borte.

26. Ved Kongens bratte Komme kunde Baireme hverken beslutte sig til at slutte Fred eller til at føre aaben Krig, men lukkede sig inde bag Murene og voldte derved Hæren megen Møje, men ogsaa deres eget Land stor Ødelæggelse, thi da Sagen ingen Fremgang havde, hærgede Hæren overalt og skaanede intet uden netop Beboernes Liv.

27. Imidlertid nedlagde Erkebispen[237] sit biskoppelige Embede — efter eget Sigende af Frygt for Kongen — og førte sammen med Eremiter et Eneboerliv. Ogsaa de andre Bisper i Baiern var ikke lidet vaklende og søgte at holde Venskab med begge Parter, idet de snart støttede Kongen, snart hjalp Modparten, fordi de hverken uden Fare kunde sige sig løs fra Kongen eller uden Skade for sig selv kunde være ham tro.

28. Kongen tilbragte paa Tilbagetoget fra Mainz et helt Fjerdingaar i disse Egne og vendte først omkring 1. Januar[238] med uforrettet Sag hjem til Sachsen efter at have mistet to fornemme og

---

[236] Herman.
[237] af Mainz, Frederik.
[238] 954.

højtstaaende Mænd. Immed og Mainwerk, der begge under Toget til Baiern blev dødelig saaret af Pile, den ene i Mainz, den anden paa Marchen.

29. Da Herman og hans Brodersønner forebragte Kongen deres Trætte, priste alle retsindige Hertugens Holdning og hævdede, at de unge Mennesker burde tugtes, men Kongen skaanede dem, kærlig som han var, og nøjedes med at sætte Wichman i ridderligt Fangenskab i Kongsgaarden.

30. Imidlertid hørte Kongen, at Avarerne[239] var trængt ind i Baiern og der sluttede sig til hans Fjender og beredte sig til at føre aaben Krig med ham. Men han lod sig ikke forskrække af Faren, hvor stor den end var, og glemte ikke, at han af Guds Naade var Herre og Konge; han samlede en vældig Hær og drog de grumme Fjender imøde. Men de undveg ham, og under Førere, de havde faaet af Liudulf. gennemstrejfede de hele Franken og hærgede, først hos deres egne Venner i den Grad, at de endog fra en Mand ved Navn Ernst, der hørte til Kongens Fjender, bortførte over Tusind af hans undergivne som Fanger, men dernæst ogsaa hos alle andre i en aldeles utrolig Grad. Søndagen før Paaske holdtes der offenlig Fest for dem i Worms, og de fik mange Gaver i Guld og Sølv. Derfra drog de til Gallien og vendte hjem ad en anden Vej.

31. Bairerne var imidlertid saa haardt medtagne dels af Rigshæren, dels af den fremmede Hær — thi efter Ungarernes Bortgang laa den kongelige Hær over dem — at de saa sig nødt til at forhandle om Fred, og de opnaaede at faa en Vaabenhvile, til 16. Juni; da skulde de indfinde sig i Cinna[240] og der staa til Regnskab og modtage Svar.

---

[239] Se Side 40, Note 45.
[240] Nu Langenzenn ved Fürth.

32.

Paa det aftalte Sted holdtes der da et almindeligt Folkemøde, og Kongen holdt, følgende Tale: »Jeg kunde finde mig i det, hvis min Søns og de andre sammensvornes usømmelige Færd blot gik ud over mig og ikke voldte den hele Kristenhed Uro, og det vilde være Smaating, om de blot havde overfaldet mine Fæstninger paa Røvervis og løsrevet hele Landskaber fra mit Herredømme, hvis de ikke ogsaa havde mættet sig i mine Frænders og mine kæreste Venners Blod. Se, her sidder jeg sønneløs, min Søn er min bitreste Fjende, og den Mand, som jeg har elsket højt og hævet fra ringe Kaar til høj og hæderfuld Stilling[241], har faaet Magt over min eneste Søn og rejst ham imod mig. Dog ogsaa det skulde jeg endelig finde mig i, hvis Guds og Menneskenes Fjender[242] ikke derved blev ført ind i Riget. De har nylig hærget mit Rige, myrdet Indbyggerne eller slæbt dem i Fangenskab, lagt Stæderne øde, brændt Kirkerne og dræbt Præsterne; Vejene er endnu vaade af Blod[243]. Disse Kristi Fjender drager nu til deres Hjem, overlæssede med det Guld og Sølv, jeg i rigt Maal havde givet min Søn og Svigersøn. Hvilken Udaad eller Falskhed der endnu kan være tilbage at øve, kan jeg ikke tænke mig«. Efter disse Ord tav Kongen. Henrik sluttede sig ganske til Kongen og tilføjede, at de alt to Gange i aaben Kamp slagne Fjender[244] ligefrem blev lejede paa underfundig og skammelig Vis, saaledes at der gaves dem Lejlighed til paany at gøre Skade. Han vilde hellere døje alskens Modgang og Møje end nogensinde slutte Forbund med alles Fjender. Derefter traadte Liudulf frem og sagde: »Jeg tilstaar, at jeg har givet disse Fjender, der var lejede imod mig, Penge for ikke at skade mig og mine undergivne. Hvis man mener, at jeg har handlet urigtigt heri, saa skal hele Folket vide, at jeg ikke gjorde det frivilligt, men tvungen af den yderste Nød«. Tilsidst traadte

---

[241] Hertug Konrad af Lothringen, gift med Ottos Datter Liutgard. Se III. 10.
[242] Ungarerne.
[243] Jfr. Vergils Aeneide VII, 691.
[244] Ungarerne.

Erkebispen[245] ind for at retfærdiggøre sig og lovede, at han vilde godt-gøre for en hvilkensomhelst Domstol, Kongen maatte paabyde, at han aldrig havde tænkt, villet eller gjort noget imod Kongen. Det var af Frygt, han havde forladt Kongen, fordi han havde indset, at han var vred paa ham; uden Skyld havde han maattet bære de tungeste Ankla-ger; fremtidig vilde han ubrødelig og i alle Maader holde sin Ed. Hertil svarede Kongen: »Jeg kræver ingen Ed af Eder, men at I af al jer Evne hjælper mig i min Stræben efter Fred og Endrægtighed«. Og da han havde lovet dette, lod Kongen ham gaa med Lejde og i Fred.

33. Og da Erkebispen og Hertug Konrad ikke kunde faa Ynglingen til at underkaste sig hans Fader og bøje sig for hans Bud, skil-tes de fra ham og sluttede sig til Gud og Kongen.

34. Den følgende Nat forlod Liudulf og hans Tilhængere Kongen og drog med Hæren til Regensburg. Kongen drog efter sin Søn, og da han undervejs stødte paa en Borg ved Navn Horsadal [Ross-stall][246], gav han sig til at belejre den.

35. Det kom til Slag, og den Kamp der her stod omkring Murene har ingen dødelig set Mage til, saa haard var den. Mange faldt paa begge Sider, og flere blev saarede. Først Nattens Mørke bragte Stansning i Kampen. Slaget var uafgjort, og den følgende Dag førtes den haardt medtagne Hær bort derfra. Da den havde vigtigere Ting for, syntes det ikke raadeligt at opholde sig længere dér.

36. I tre Dage naaede de saa derfra til Regensburg. Her slog de Lejr og hegnede den med Forsvarsværker rundt om og gav sig saa ivrigt i Lag med Belejringen af Byen. Men da der var saa mange Forsvarere inde i Byen, at de kunde hindre Belejrerne i at føre Maski-nerne ind til Murene, blev der jevnlig kæmpet haardt udenfor Murene.

---

[245] Frederik.
[246] i Nærheden af Nürnberg.

Da Belejringen trak saa længe ud, blev de indesluttede nødt til at prøve et Kup. Thi de mente, at Hungersnød, hvis det kom saa vidt, vilde volde større Lidelser end en modig Død i Kampen. Der blev derfor givet Ordre til, at Rytterne skulde bryde ud ad den østlige Port, som om de vilde rette et Angreb paa Lejren, de andre Krigere skulde gaa i Baade og fra Floden, der løber langs Byen, angribe Lejren, der under Kampen med Rytterne vilde være blottet for Krigere. Klokkeklemt gav Folkene i Byen Tegn til Samling, og de gjorde efter Aftale. Men i Lejren kom dette ikke uventet, og man gjorde sig i Hast rede. Da Rytterudfaldet blev noget forsinket, kom Baadene for langt bort fra Byen, Krigerne sprang fra Borde, og styrtede mod Lejren, men stødte her paa væbnede Mænd; forskrækkede herover vilde de flygte, men omringedes og led et stort Mandefald. Nogle skyndte sig ned til Baadene, men sprang i deres Forfærdelse fejl og druknede i Floden; andre kom i Baadene, men i altfor stor Mængde, saa de gik under, og af den store Mængde slap kun meget faa derfra med Livet. Rytterne havde en haard Dyst med Kongens Rytteri og maatte vige, og trængtes, med et stort Tab af saarede, tilbage til Byen. Kongens Mænd vendte med Sejr tilbage til Lejren; de havde kun én dødelig saaret. der var bleven ramt lige udenfor Porten, og ham førte de tilbage til Lejren. Alt Kvæget i Byen var ført ud paa en græsrig Eng mellem Rain [Regen][247] og Donau; det blev taget af Kongens Broder Henrik og uddelt blandt Kampfællerne. Folkene i Byen, der var medtagne af mange Kampe, begyndte nu ogsaa at lide af Hunger.

37. Derfor gik Liudulf og de fornemste Mænd ud af Byen og forlangte Fred, men fik det ikke, da han nægtede Faderen Lydighed. Han vendte saa tilbage til Byen og gjorde nu et Udfald mod Gero, der laa for den østlige Port, en Mand der havde Ry for at have sejret

---

[247] Hvorefter Byen, Rainesburg. Regensburg, har Navn.

lige saa ofte som han havde kæmpet[248]. Der kæmpedes hidsigt fra den 3die Time til den 9de. og lige udenfor Byens Porte faldt Arnulf[249], gennemboret af Spyd, efter at Hesten var styrtet under ham og hans Rustning var berøvet ham. Hans Fald vidste ingen ret Besked om før to Dage senere, da det meldtes af en Kvinde, der var flygtet ud af Byen paa Grund af Hungersnøden. Hans Død vakte stor Forfærdelse i Byen, og der indlededes nu Fredsforhandlinger.

38. Efter de fornemste Mænds Raad gik Liudulf nu for anden Gang ud af Byen tilligemed sine Venner, efterat Belejringen havde varet halvanden Maaned. Han opnaaede Vaabenstilstand til en bestemt Dag, paa hvilken der skulde træffes Afgørelse af Stridspunkterne, og som Mødested udpegedes Fritzlar. Derefter drog Kongen hjem.

39. Henrik fik den ny Borg[250]; næsten hele Regensburg gik den følgende Nat op i Luer.

40. Medens Kongen var sysselsat med Jagt i Suveldun [Saufeld], kom hans Søn til ham og kastede sig, barfodet, ned for ham, grebet af dyb Anger; hans Bønner og Taarer fik først Kongen og derefter alle de tilstedeværende til at briste i Graad, og hans Fader tog ham kærligt til Naade. efterat han havde lovet at ville lyde og rette sig efter sin Faders Vilje i alle Ting.

41. Imidlertid meldtes det. at Erkebispen[251] var dødssyg, og derfor udsattes Kongens Ting lidt. De der overværede Erkebispens Død siger, at den var meget opbyggelig. Efter hans Død afholdtes

---

[248] Se Side 71, Note 124.
[249] A. den yngre, se III, 21.
[250] med den nyere Bydel af Regensburg.
[251] Frederik, f 25. Oktober 954.

saa det almindelige Folkemøde[252]. Mainz og hele Franken overgav sig efter 1 1/2 Aars Forløb til Kongen. Søn og Svigersøn blev tagne til Naade og forblev tro til deres Død.

42. I dette Aar vandt Gero en ærefuld Sejr over de Slaver, der kaldes Ukrerne, idet Kongen havde sendt ham Hertug Konrad til Hjælp. De medtog et stort Bytte, og i Sachsen blev der stor Glæde.

43. Den følgende Paaske[253] fejrede Kongen sammen med sin Broder og førte saa Hæren mod Regensburg, der paany blev belejret. Da der ingen Hjælp kom fra Sachsen, og der var en trykkende Mangel paa Levnetsmidler, drog Byens Folk ud af Portene og overgav sig og Byen til Kongen. Han dømte Førerne fredløse, men skaanede den øvrige Mængde og drog saa med Sejr og Ære hjem til Sachsen, efterat han havde givet hele det baierske Land tilbage til Broderen.

44. Da han omkring den 1. Juli naaede Sachsen, mødte han nogle ungarske Sendemænd, der lod som om de kom for det gamle Forbunds og Venskabs Skyld, men som i Virkeligheden, hvad ogsaa nogle mente, vilde undersøge hvorledes det gik med Borgerkrigen. Da de havde været Kongens Gæster i nogle Dage, gav han dem nogle mindre Gaver og lod dem gaa bort i Fred, men fik saa det Bud fra sin Broder, Hertugen af Baiern: »Ungarerne er ifærd med i store Skarer at bryde ind i dit Land, og de har i Sinde at kæmpe med dig.« Saa snart Kongen havde hørt dette, brød han op, som om han slet ingen Møje havde døjet i den foregaaende Krig, og drog mod Fjenden; han havde kun meget faa Sachsere med sig, fordi Sachserne allerede havde nok at gøre i Krigen mod Slaverne. Ved Byen Augsburg[254] slog han Lejr, og

---

[252] i Arnstadt. syd for Erfurt, 17. December 954.

[253] 15. April 955.

[254] Det berømte og afgørende Slag stod ved Floden Lech, men om det var Syd for Augsburg, paa Lechfeld, eller Nord for Augsburg i det nuværende Kühlenthal, har for nylig været Genstand for en i flere Retninger (bl. a. med Hensyn

her stødte Frankernes og Bairernes Hær til ham, og Hertug Konrad kom desuden til Lejren med et stort Rytteri. Hans Komme satte Mod i Krigerne, og de forlangte nu uopholdelig at kæmpe. Thi Konrad var af Naturen meget dristig, men ogsaa, hvad der er sjeldent hos dristige, meget klog: han var uimodstaaelig i Kamp, hvad enten han var tilfods eller tilhest, og vennesæl hjemme og ude. Strejftropper fra begge Hære meldte nu, at den ene Hær ikke var langt borte fra den anden. I Lejren blev der paabudt Faste[255], og alle fik Ordre til at holde sig rede til Kamp næste Dag. Ved Daggry[256] stod de op, gav hinanden Fred og svor først Føreren, derefter hinanden indbyrdes, at de vilde kæmpe af al deres Evne. Med oprejste Felttegn drog de saa i et Antal af 8 Legioner ud af Lejren. Hæren drog ad stejle, vanskeligt fremkommelige Stier, dækket af Buskværk, for at Fjenderne ikke skulde faa Lejlighed til at bringe Forvirring i Toget med deres Pile, som de er Mestre i at bruge. Første, anden og tredje Legion bestod af Bairere, førte af Hertug Henriks Grever — thi han selv var i denne Tid ikke med i Krigen, idet han led af Sygdom, som da ogsaa voldte hans Død[257]. Fjerde Legion bestod af Frankere under Hertug Konrads egen Ledelse[258]. I den femte, den stærkeste, ogsaa kaldet den kongelige, var Kongen selv, omgivet af udvalgte Folk af alle de Tusinder af Krigere og af kampivrige Ynglinge; ved Siden af ham førtes Englen[259], den sejrvante, hegnet af en tæt

---

til Widukinds Skildrings topografiske og historiske Nøjagtighed) interessant Drøftelse mellem Professorerne Schäfer og Bresslau i Histor. Zeitschrift 97 og følg. Bind.

[255] 9. August 955.

[256] 10. August.

[257] † 1. November 955.

[258] Konrad var Hertug i Lothringen, men havde Besiddelser omkring Worms. Af den Grund kalder Widukind ham I, 37 og nu her Frankernes Hertug. Naar han her er Anfører for en Hob Frankere, er det i Egenskab af frankisk Godsejer.

[259] Sankt Michael, jfr. I, 38.

Skare. Sjette og syvende bestod af Schwabere, førte af Burchard[260], der var gift med Kongens Broderdatter[261]. I den ottende Legion var Bøhmere, Tusind udvalgte Krigere, bedre udrustede med Vaaben end med Lykke. Her var ogsaa al Bagagen og alt Trosset, ret som om det der var bagest, ogsaa var bedst i Sikkerhed. Men det gik anderledes end ventet. Thi Ungarerne satte over Lech-Floden, omgik Hæren og begyndte at overdænge den sidste Legion med Pile. Angrebet skete under vældigt Skraal; mange blev dræbte eller fangne, al Bagagen blev tagen og de tiloversblevne Krigere af denne Legion drevne paa Flugt. Paa samme Maade angreb de ogsaa syvende og sjette Legion, fældede en Mængde og drev Resten paa Flugt. Da Kongen mærkede, at han havde Fjenden foran sig, samtidig med at de bageste Legioner bagved var i Fare, sendte han fjerde Legion under Hertugen (Konrad) afsted, og denne befriede de fangne, fratog Fjenden Byttet og faldt over de plyndrende fjendtlige Hobe. Disse blev drevne paa Flugt, og Konrad vendte sejrrig tilbage til Kongen. Sejren vandtes, underligt nok, af det unge Mandskab, der saa godt som ikke var krigsøvet, medens de sejrvante Veteraner trykkede sig.

45. [262]

Medens dette gik for sig i Baiern, kæmpede Markgrev Thiadrik med skiftende Held mod Barbarerne. Da han saaledes en Gang søgte at tage en af deres Borge, havde han forfulgt Fjenden lige til Portaabningen og trængt dem indenfor Murene og derpaa taget Forstaden og sat Ild paa den samt fanget eller nedhugget alt hvad der var udenfor Murene: da han saa, efter at Branden var slukket,

---

[260] Burchard II, fik Hertugdømmet Schwaben efter Liudulfs Fjernelse 954.
[261] Henriks Datter Hedvig.
[262] Her afbrydes — paa en højst uheldig Maade — Skildringen af Ungarer-Slaget, der først fortsættes et Stykke inde i Kap. 46. Antagelig er Kap. 45 og Begyndelsen af 46 senere sat ind af Widukind, idet han har opdaget, at han har glemt at fortælle om Thiadriks Kamp. Thiadrik blev senere, efter Geros Død 965, Markgreve i Nordmarken. Jfr. III, 23 og 24.

vendte tilbage, og Halvdelen af Krigerne var naaet over en Sump, der laa op til Borgen, saa Slaverne, at vore Folk var i Klemme paa det vanskelige Terrain, idet de hverken kunde kæmpe eller flygte; de satte da med stort Skraal bagefter de hjemvendende og fældede et Halvhundrede Mand og tvang vore Folk til en forsmædelig Flugt.

46. Dette Nederlag vakte over hele Sachsen en uhyre Ængstelse og Skræk for Kongen og hans Hær. Ogsaa nogle usædvanlige Tegn voldte Forfærdelse. Paa mange Steder bragte et voldsomt Uvejr Kirkerne til at knage og brage, til stor Forfærdelse for alle. Mænd og Kvinder, der saa og hørte det. Præster ramtes af Lynet, og meget andet, som man kun med Rædsel kan tale om og som jeg derfor vil forbigaa. hændte i de Dage.

[263]Da Kongen nu saa, at hele Hovedkampen forestod forfra, holdt han følgende Opmuntringstale til Kampfællerne: »Vi maa være ved godt Mod, for nu kniber det, det kan I selv indse, Mænd: Fjenden er ikke fjern, han er inde paa Livet af os. Hidtil har eders kraftige Arme og sejrrige Vaaben altid hjulpet mig til ærefuld Sejr udenfor mit Land og mit Rige, skal jeg da nu, i mit eget Land, i mit eget Rige; vende Ryg! Jeg kan nok se, at i Mængde er de os overlegne, men ikke i Tapperhed og heller ikke i Udrustning. Vi ved jo, at de for største Delen er helt uden Rustning og, hvad der er en overmaade stor Trøst for os, Gud er ikke med dem. Deres eneste Værn er deres Dristighed, men vi tør vente Værn af Gud. Lad det dog ikke spørges, at vi, Herrer over næsten hele Europa, overgiver os til Fjenden. Hellere, Mænd, maa vi dog falde med Hæder, hvis Enden er nær, end undergivne vore Fjender leve et Trælleliv eller maaske, som Skadedyr, dingle i Galgen. Jeg vilde sige mere, Mænd, hvis jeg var vis paa, at Modet og Dristigheden voksede i eders Sind ved mine Ord. Lad os nu hellere begynde at snakke med dem med Sværdet

---

[263] Fortsættelse fra Kap. 44.

end med Munden«[264]. Med disse Ord greb han sit Skjold og den hellige Lanse og red selv i Spidsen ind mod Fjenden og opfyldte saaledes paa samme Tid den modige Krigers og den gode Feltherres Pligt. De dristigste af Fjenderne holdt i Begyndelsen Stand, men da de saa deres Kampfæller vende Ryg, blev de forskrækkede, løb ind mellem vore Folk og blev hugget ned. Af de andre søgte nogle, hvis Heste var udmattede, hen til de nærmeste Gaarde, men blev her omringede af Krigere og indebrændt i Husene. Andre søgte at svømme over den nærliggende Flod, men da de ikke kunde faa Fodfæste paa den anden Bred, reves de med af Strømmen og gik til Grunde. Samme Dag blev Lejren indtaget og alle Fanger befriede. Den næste og næstnæste Dag blev den øvrige Mængde hugget ned af Folk fra de nærmeste Borge, saa ingen eller kun meget faa undslap. Men Sejren over det grumme Folk var ikke ublodig.

47. Saaledes faldt Hertug Konrad midt i den djerve Kamp. Varm og svedig af Kampiver og Solhede — der netop den Dag var særlig stærk — løste han Harniskremmene for at køle sig, og blev da ramt af en Pil foran i Halsen. Hans Lig blev paa Kongens Bud lagt paa Baare under mange Æresbevisninger og ført til Worms, og under alle Frankernes Graad og Jammer begravedes dér denne Mand, der var stor og berømmelig i alle Sjælens og Legemets Dyder.

48. Tre af Ungarernes Førere blev tagne tilfange og ført for Hertug Henrik. De blev straffede med en forsmædelig Død, som de havde fortjent, thi de blev hængt.

49. Den sejrsæle Konge blev nu Genstand for megen Hyldest og af Hæren kaldt Fædrelandets Fader og Kejser[265]. Derefter bød

---

[264] Denne store Tale har Widukind stykket sammen efter — Catilinas Taler hos Sallust, Kap. 58 og 85!

[265] Samme Formel brugte Widukind om Henrik I efter Sejren (over Ungarerne) ved Riade, Side 61.

han at love og prise Gud rundt om i alle Kirkerne og sendte Bud til sin fromme Moder om det samme og vendte saa under Sejrsjubel og Fryd tilbage til Sachsen, modtaget med Glæde af sit Folk. Saa stor en Sejr havde dog heller ingen af Kongerne før ham i 200 Aar kunnet glæde sig ved[266], [thi de (ɔ: Sachserne) tog ikke Del i den ungarske Krig, da Krigen med Sachserne paahvilede dem] [267].

50. Som foran fortalt, var Wichman i Forvaring i Kongsgaarden, da han ikke kunde klare for sig overfor sin Farbroder. Da nu Kongen vilde drage til Baiern[268], vægrede Wichman sig under Paaskud af Sygdom ved at drage med. Kejseren lod ham da høre, at han havde taget ham fader- og moderløs til sig som sin Søn og havde givet ham en ærefuld Opdragelse og ophøjet ham til Faderens Værdighed, og han bad ham om ikke at volde ham Besvær nu, da mange andre Bekymringer trykkede ham. Da Kejseren intet ordenligt Svar fik herpaa, drog han afsted, og stillede Wichman under Grev Ibos Opsigt. Efter at have tilbragt nogle Dage sammen med ham, bad Wichman ham om Tilladelse til at gaa paa Jagt i Skoven. Her laa nogle af hans Stalbrødre skjult, som han nu tog med sig, og han ilede saa til sit Hjem, hvor han indtog nogle Borge, og sammen med Ekbert greb han til Vaaben mod Kejseren. Men ved Hertug Hermans Snarraadighed lykkedes det let at kue dem og drive dem over Elben. Da de indsaa, at de ikke kunde staa sig mod Hertugen, sluttede de her Forbund med to af Barbarernes[269] Fyrster, Nako og hans Broder[270], der alt længe havde været vore Fjender.

---

[266] W. synes at tænke paa Karl Martels Kamp med Araberne 732.
[267] Dette Stykke er maaske uægte.
[268] I 954.
[269] ɔ: Slavernes, Apodriternes.
[270] Stoinef, se Side 118.

51. Hertugen førte en Hær imod dem, og man fandt dem i en Fæstning der hedder Suithleiscranne[271]. Hertugen var lige paa Nippet til at overrumple baade dem og Fæstningen, men der var én der gav sig til at raabe og derved varskoede dem og fik dem til i Hast at gribe deres Vaaben. Dog fældede Hertug Herman henved 40 harniskklædte Mænd, hvis Rustninger han tog, og drog saa bort. Han havde haft Hjælp af Markgrev Henrik og hans Broder Sigfrid, to fornemme og tapre Mænd, der var lige udmærkede i Fredens og Krigens Sysler. Dette gik for sig ved Begyndelsen af Fyrretyvedags-Fasten[272].

52. Men efter den følgende Paaske gjorde Barbarerne et Indfald[273]. Deres Fører var Wichman, der dog kun førte an paa Røvertoget, men ellers ikke var deres Fyrste. Men Hertug Herman var øjeblikkelig paa Benene med en Trop Krigere. Da han nu saa, at Fjendernes Hær var betydelig, medens hans egen Vaabenmagt paa Grund af Borgerkrigen kun var ringe, mente han, at det var klogere at udsætte Kampen under disse Forhold og at opfordre den store Mængde Mennesker, der var strømmet sammen i en enkelt Fæstning, da de ikke troede sig sikre i de andre, til at forlange Fred paa hvad Vilkaar de kunde faa den. Denne Beslutning tog Krigerne meget ilde op, især Sigfred, der var meget krigslysten. Alligevel gjorde Kokarescemierne[274], som Hertugen havde befalet, og de fik Fred paa det Vilkaar, at de fri Mænd med Hustruer og Børn skulde gaa op paa Murene, medens Trællene og alt Bohave skulde lades tilbage inde i Fæstningen og gives til Pris for Fjenderne. Da nu Barbarerne styrtede ind i Fæstningen, genkendte en af dem i en frigivens Hustru sin Trælkvinde, og da han nu søgte at rive

---

[271] Ukendt.
[272] Ved Fastelavnstid 955.
[273] ɔ: i Sachsen.
[274] De lige omtalte Folk fra Egnen, der var flyttet sammen i en Fæstning, hvis slaviske — iøvrigt ukendte — Navn altsaa maa have lignet det her anførte Folkenavn.

hende fra Manden, gav denne ham et Næveslag. Barbarerne raabte saa, at Sachserne brød Forliget. Dette fremkaldte et almindeligt Myrderi: ingen skaanedes, alle voksne Mænd blev dræbt, og Mødrene og Børnene blev slæbt i Fangenskab.

53. Denne Ugerning var Kejseren meget opsat paa at hævne, og da han nu havde vundet Sejr over Ungarerne, brød han med en Hær ind i Barbarernes Land. Der blev holdt Raad om, hvad der skulde gøres med de Sachsere, der havde sammensvoret sig med Slaverne, og det vedtoges, at Wichman og Ekbert skulde erklæres for Rigets Fjender, medens de andre skulde skaanes, hvis de var villige til at vende tilbage til deres Hjem. Der kom ogsaa en Sendefærd fra Barbarerne, der meldte, at de som Forbundsfæller var villige til at yde den sædvanlige Skat, men at de vilde være Herrer over deres eget Land: paa det Vilkaar var de villige til at holde Fred, men ellers vilde de slaas for deres Frihed. Hertil svarede Kejseren, at han ingenlunde vilde nægte dem Fred, men han kunde ikke indrømme dem den paa nogen Maade, med mindre de gav fuld og sømmelig Oprejsning for al den Ufærd, de havde øvet. Hærgende og brændende overalt drog han saa med sin Hær igennem Landet, men tilsidst blev han, efter at han havde slaaet Lejr ved Floden Raxa[275], som det paa Grund af de sumpede Bredder var meget vanskeligt at komme over, omringet af Fjenderne. I Ryggen spærredes Vejen af fældede Træstammer, bagved hvilke fjendtlige Krigere var opstillede; foran laa Floden og Sumpen og en vældig Hær af Slaver, der hindrede vore Krigere baade i at arbejde og i at marchere. Hæren plagedes ogsaa af andre Ulemper, af Sygdom saavelsom af Sult. Medens det stod saaledes til i flere Dage, blev Grev Gero sendt til Barbarfyrsten Stoinef med Opfordring til ham om at overgive sig til

---

[275] maaske Recke, Eldens øvre Løb.

Kejseren, i hvem han da vilde vinde en Ven, i Stedet for at han ellers vilde faa ham til Fjende.

54. Gero var nemlig en meget dygtig Mand, kyndig i Krig og klog Politiker, ret veltalende, meget erfaren. af den Slags der hellere viser sin Klogskab i Daad end i Ord; han var meget bjergsom, men ogsaa meget gavmild og, hvad der var det bedste, han viste en prisværdig Iver for at dyrke Gud. Markgreven hilste nu Barbaren over Floden og Sumpen, Barbaren gengældte hans Hilsen. Saa sagde Markgreven: »Kunde det ikke være dig nok, om Du førte Krig med en af os, min Herres Tjenere, og ikke ogsaa mod min Herre Kongen? Hvordan en Hær har Du, hvordan er Du rustet, at Du tør indlade dig paa sligt? Hvis I er Mænd, hvis I er dygtige og modige, saa lad os komme over til jer, eller kom I herover, og lad os saa se, hvem der er taprest, naar vi kæmper paa samme Valplads«. Slaveren stod og skar Tænder, som Barbarerne gør, og haanede og skældte Gero og Kejseren og hele Hæren, for han vidste, at de var i en slem Knibe. Gero var meget hidsig og han blev vred. »Imorgen skal det vise sig, om der er noget ved dig og dit Folk, thi i Morgen skal I visselig baade faa os at se og føle«. Gero nød nu ganske vist fra tidligere Tid stort Ry for sine mange Bedrifter, men netop nu pristes og æredes han overalt som en Helt, fordi han med stor Hæder havde overvundet de Slaver der kaldes Ukrer. Da Gero var vendt tilbage til Lejren, fortalte han, hvad han havde hørt. Men Kejseren rejste sig endnu før Daggry og bød at skyde paa Fjenden med Pile og andet Skyts og saaledes udfordre ham til Kamp, og at man skulde lade som havde man til Hensigt at tiltvinge sig Overgang over Flod og Sump. Slaverne, der efter Gaarsdagens Trusler heller ikke tænkte sig andet, ilede ligeledes til Kamp og søgte af alle Kræfter at hindre Overgangen. Men Gero gik med sine Venner, Ruanerne[276]. ned langs Floden omtrent en Mil bort fra Lejren og slog, uden at Fjenderne mærkede det, i stor

---

[276] Ruaner, Raner, Rugiere. ɔ: Ryboerne.

Hast tre Broer, og sendte saa Bud til Kejseren og kaldte hele Hæren derhen. Da Barbarerne saa det. skyndte ogsaa de sig afsted for at stille sig imod Legionerne. Men deres Fodfolk havde en længere Vej at løbe, og de var trætte, da de begyndte Kampen, saa de veg temmelig hurtigt for vort Rytteri, og da de saa søgte Frelse i Flugten, blev de hurtigt nedhuggede[277].

55. Stoinef holdt paa en Høj med sine Ryttere for at iagttage Udfaldet af Træfningen. Da han saa, at hans Forbundsfæller begyndte at vige, flygtede ogsaa han. Han blev tilligemed to Ledsagere funden i en Lund af en Ridder ved Navn Hosed, der efter en haard Kamp afvæbnede ham og derefter huggede Hovedet af ham. En af hans Ledsagere blev fanget levende og af den samme Ridder ført frem for Kejseren tilligemed Fyrstens Hoved og Vaaben. Denne Daad skaffede Hosed megen Ære og Ry, og Kejseren skænkede ham til Løn derfor Indtægten af 20 Bol. Endnu samme Dag blev Fjendens Lejr taget, og mange Mennesker blev dræbt eller tagne tilfange, og Blodbadet varede til langt ud paa Natten. Den næste Morgen blev Fyrstens Hoved opstillet paa Marken, og omkring det blev 700 Fanger halshuggede. Stoinefs Raadgivere fik Øjnene udstukket og Tungen udreven, og blev i denne Tilstand liggende midt imellem Ligene. Men de medskyldige i Barbarernes onde Gerninger, Wichman og Ekbert, flygtede til Gallien og undkom paa den Maade. De søgte Tilflugt hos Hertug Hugo.

56. Saa mange Sejre skaffede Kejseren Ry og Ære og vandt ham mange Kongers og Folkeslags Gunst, samtidig med at de gjorde ham frygtet af alle. Han modtog da ogsaa mange Sendefærd, en fra Romerne, en fra Grækerne og en fra Saracenerne, og de bragte ham Gaver af forskellig Art, Fade af Guld og Sølv, ogsaa af Kobber og vidunderlig fint udarbejdede Kunstsager, Skaale af Glas, ja af Elfenben,

---

[277] 15. og 16. Oktober 955.

kunstigt vævede mønstrede Tæpper, Balsam og alle Slags Kryderier, Dyr som Sachserne aldrig havde set før, Løver og Kameler, Aber og Strudse, og hele Kristenheden saa i ham deres Hjælp og Haab.

57. Men Liudulf, Kejserens Søn, forlod Landet, da han ikke vilde forraade sine Venner, og drog med dem til Italien. Her opholdt han sig omtrent et helt Aar, men døde saa[278] og voldte ved sin Død hele Frankerriget megen Sorg. Hans Vassaller gav ham en ærefuld Jordefærd. og hans Lig blev fra Italien ført til Mainz og gravsat i Albanus Martyrs Kirke under mange Folks Graad og Jammer. Han efterlod sig en Søn, der bar hans Faders Navn[279].

58. Brevet om hans Død overbragtes Kejseren i Felten under Toget mod Redarierne. Han fældede mange Taarer over sin Søns Død. men iøvrigt satte han sin Lid til den alstyrende Gud, der hidtil har vaaget over hans Rige.

59. Paa samme Tid drog Wichman, der vidste, at Sachsen var blottet for Krigere, fra Gallien og kom hemmeligt ind i Sachsen og gensaa sit Hus og sin Hustru, men drog saa atter ud blandt fremmede. Ekbert derimod blev paa den store Biskop Brunos Forbøn atter tagen til Naade.

60. Da nu for tredie Gang[280] en Hær drog ud imod Wichman, var der intet andet for ham at gøre, end at overgive sig til Gero og hans Søn, der fik Kejseren fil at indvilge i, at han i Kejserens Naade maatte nyde sin fædrene Arv i sit Hjemland og sammen med sin Hustru. Uden at det var forlangt af ham. svor han en frygtelig Ed paa, at han aldrig hverken i Raad eller i Daad vilde foretage sig noget ondt mod Kejseren eller Kejserens Rige. Efter saaledes at have svoret

---

[278] 957.
[279] Otto, f. 954. Hertug i Schwaben 973—82.
[280] Første Gang 955 (Side 117), anden Gang samme Aar (Side 118 f.).

Troskab fik han Lov til at gaa med Fred, og Kejseren opmuntrede ham med gode Løfter.

61. Efter at Barbarerne var bleven saa grundig slaaede, viste der sig i dette Aar[281] mærkelige Jertegn, nemlig Korsmærker paa mange Menneskers Klæder. Disse Tegn vakte hos mange en gavnlig Skræk og Frygt for Ulykker, saa de for en stor Del gjorde Bod for deres Synder. Der var ogsaa nogle, der forklarede det som Spedalskhed i Klæderne, fordi en derefter følgende Spedalskhed bragte mange Døden. Men de klogere hævdede, at Korsets Tegn varslede Sejr og Lykke, og deres Mening slutter jeg mig til af ganske Hjerte.

62. Ved denne Tid begyndte Kejseren ogsaa at skrante, men ved Helgenernes Hjælp, hvem han altid viser andægtig Ærefrygt, og især ved den hellige Martyr Vitus's Forsorg, hvem han bad til, kom han sig af sin Sygdom og gaves Verden til Fryd og Pryd som en straalende Sol efter Mørket.

63. Da der saaledes var bragt Orden i alle Ting over hele Franken og Sachsen og Nabolandene rundt omkring, besluttede Otto at drage til Rom og brød op til Lombardiet[282]. Hvorledes han nu fik Longobarderkongen Berengar med Hustru og Børn i sin Magt[283] efter to Aars Belejring og derefter landsforviste dem, hvorledes han i to Slag slog Romerne og indtog Rom, underkastede sig de beneventiske Hertuger, sejrede over Grækerne i Kalabrien og Apulien, aabnede Sølvminer i Sachsen og hvor herligt han sammen med sin Søn udvidede Riget — det er jeg for ringe til at skildre, og det maa, som jeg sagde i

---

[281] Altsaa 955. I Korvei-Aarbøgerne omtales det samme Jertegn i Aaret 959. og maaske mener W. ogsaa 959. da han lige har omtalt Begivenheder i dette Aar.
[282] 961.
[283] 963 eller 964. — Ottos Kejserkroning i Rom 962 omtaler W. slet ikke; mange Sejre, der her remses op hulter til bulter, vidner ogsaa om Forfatterens mangelfulde Viden og hans Skødesløshed.

Begyndelsen af min Historie, være nok, at jeg har udarbejdet den med Flid og Troskab. Iøvrigt maa min store Hengivenhed for dig, ophøjede og ædle Fyrstinde, Du hvem din ophøjede Fader og Broder har ladet tilbage til Ære for Fædrelandet, til Trøst for mig, kaste Glans over mit ringe Værk. Men lad Afslutningen af Borgerkrigen ogsaa slutte Bogen.

64. Wichman, der nu opholdt sig i sit Fædreland, holdt sig i Ro, saa længe Kejserens Tilbagekomst kunde ventes. Men da det trak ud med den, drog han nordpaa, som for sammen med Danerkongen Harald[284] paa ny at anstifte Krig. Men Harald sendte ham Bud, at kun hvis han dræbte Hertugen[285] eller en anden Høvding, vilde han tro, at der ikke laa Svig bag hans Tilbud om Forbund; hvis ikke, maatte han tro, at Wichman havde Svig i Sinde. Imidlertid fortalte en Købmand, der just færdedes i disse Egne, om hans Røverier. Hertug Herman lod da nogle af hans Folk gribe og dømme for Hærfærd mod Riget, og de blev hængt. Wichman selv undkom med Nød og neppe sammen med sin Broder[286].

65. [287] Danerne var fra gammel Tid Kristne, men tjente ikke desto mindre Afguderne efter Hedningskik. Nu hændte det en Gang, at der ved et Gilde, hvor Kongen var tilstede, opstod en Trætte om Dyrkelsen af Guderne, idet Danerne paastod, at Kristus nok var en

---

[284] Blaatand.
[285] Herman.
[286] Ekbert.
[287] Jfr. Beretningen hos Saxo i 10. Bog. Dér stikker Poppo Haanden ind i en Jernhandske. Der synes i Danmark at have været en Tradition om, at Gudsdommen var foregaaet paa den Maade, i det der i Tamdrup Kirke ved Horsens findes en Alterprydelse, der menes at stamme fra c. 1100, og som formentlig fremstiller Gudsdommen, saaledes som Saxo fortæller den. Billede i »Danmarks Riges Historie« I, Side 331. — Efter Saxo skal Poppo have været Bisp i Aarhus, efter Adam af Bremen (II, 26) i Slesvig. — Saxo fortæller, at Danskerne derefter afskaffede Tvekamp i Retssager og indførte Jernbyrd (slgn. ovenfor Side 71, Note 125).

Gud, men at der ogsaa var andre Guder, der var større end han, da de lod Menneskene se langt større Tegn og Undere end Kristus. Herimod vidnede en Klerk, der nu har viet Gud sit Liv, en Biskop ved Navn Poppo, at der var en eneste sand Gud og Fader og hans enbaarne Søn vor Herre Jesus Kristus og den Helligaand, medens Afguderne var Dæmoner og ikke Guder. Kong Harald, om hvem det siges, at han var ivrig efter at høre, men sendrægtig i at tale, spurgte ham nu, om han var villig til at bevise denne Tro paa sig selv, hvortil Poppo uden Tøven svarede ja. Kongen lod saa Klerken sætte under Opsyn til Dagen efter, og da det var bleven Morgen, lod han et stort, tungt Stykke Jern ophede og bød Klerken bære det glødende Jern for den katolske Tro. Den Kristi Bekender greb uden Vaklen Jernet og bar det saa længe Kongen bestemte, fremviste saa sin Haand, der var uskadt, og overtydede saaledes alle om den katolske Tros Sandhed. Derover omvendte Kongen sig, besluttede at ære Kristus alene som Gud og bød de Folk, han herskede over, at forkaste Afguderne, og han viste senere Præsterne og Guds Tjenere skyldig Ære. Men ogsaa dette maa med Rette regnes din Fader til Ære, da det skyldes hans Iver, at Kirkerne og Præstestanden er kommen til saa megen Ære i disse Egne.

66. Grev Gero mindedes den Ed, Wichman havde svoret[288], og da han nu saa ham anklaget og erkendte, at han var skyldig, gav han ham tilbage til de Barbarer, af hvem han havde faaet ham[289]. De modtog ham med Glæde, og han gjorde nu hyppigt hærgende Indfald i de fjernere boende Barbarers Land. To Gange slog han Kong Misaka[290], der herskede over de Slaver der kaldes Licicaviker[291], fældede hans Broder og tog et stort Bytte.

---

[288] Se Side 121.
[289] Meningen uklar.
[290] Mieszko.
[291] ɔ: Lecher, Polakker.

67.

Ved denne Tid overvandt Markgrev Gero ogsaa med voldsom Kraft de Slaver der kaldes Lusiker[292] og bragte dem til fuldkommen Underkastelse: han blev dog selv haardt saaret, og hans udmærkede Brodersøn faldt ligesom mange andre højbaarne Mænd.

68.

Under Hertug Herman stod to Slaverfyrster, der fra deres Fædre havde faaet gensidigt Had i Arv. Den ene hed Selibur. den anden Mistav. Selibur var Fyrste over Warerne[293]. Mistav over Apodriterne. De klagede atter og atter over hinanden, og tilsidst gik Rettergangen Selibur imod, saa han af Hertugen blev idømt en Bøde paa 15 Talenter[294] Sølv. Forbitret over denne Dom tænkte han paa at gribe til Vaaben mod Hertugen, men da han ikke havde Mandskab nok. sendte han Bud til Wichman og krævede Hjælp af ham mod Hertugen. Wichman havde intet kærere Ønske end at kunne gøre sin Farbroder Fortræd og ilede derfor Slaverne til Hjælp med sine Folk. Men aldrig saa snart var han kommen ind i Fæstningen[295]. før den blev omringet og belejret af Fjenderne. Ogsaa Hertugen førte en Hær til og gav sig til at belejre den. Imidlertid drog Wichman ud af Fæstningen med nogle faa Mænd — om det var med klogt Overlæg eller ej, ved jeg ikke — under Foregivende af at ville hente Undsætning fra Danerne. Efter faa Dages Forløb manglede Krigerne Mad og Hestene Foder. Der var nogle der mente, at Slaveren kun førte Krig paa Skrømt og ikke for Alvor; det vilde dog være utroligt, at en Mand, der fra Barnsben var vant til Krig, skulde have truffet sine krigerske Forberedelser saa slet; nej, det var sikkert Hertugen der havde udpønsket det hele, for endelig at faa Brodersønnen i sin Magt, for at han i sit Fædreland kunde genvinde sin Sjælehelsen, som han havde sat fuldstændig til blandt Hedningerne.

---

[292] ɔ: Lausitzerne.
[293] Formodenlig = Wagrerne, i det østlige Holsten, Apodriternes Naboer.
[294] Vel = Mark. jfr. Side 69.
[295] Der tænkes maaske paa Oldenburg.

Da Folkene i Fæstningen, som sagt, begyndte at sulte, og Stanken fra Kvæget var uudholdelig, blev de nødt til at søge ud. Hertugen talte Slaveren strengt tilrette og foreholdt ham hans Troløshed og hans Ugerninger, men han svarede: »Hvorfor skælder Du mig for troløs? Se, det er ved min Troløshed, at disse Mænd, som hverken Du eller din Herre Kejseren har kunnet tvinge, nu staar værgeløse her«. Hertil tav Hertugen. Han fratog ham Styrelsen af Landet og overdrog den og al hans Myndighed til hans Søn, som han tidligere havde faaet som Gidsel. Wichmans Tilhængere straffedes paa forskellig Maade. Byttet fra Fæstningen gav han sine Krigere og et støbt Malmbilled af Saturn[296], der blev fundet blandt andet Bytte fra Fæstningen, blev stillet op til Skue for Folket. Derpaa drog han som Sejrherre hjem til sit Land.

69. Da Wichman hørte, at Byen var taget og hans Venner var bleven straffede, drog han atter østpaa, ind i Hedningeland, og lagde Raad op med de Slaver der kaldes Vuloinerne[297], om at føre Krig mod Kejserens Ven Misaka. Denne fik Nys om det og sendte Bud til Kong Boleslav af Bøhmen, der var hans Svoger, og fik af ham to Ryttertroppe. Da nu Wichman drog imod ham med sin Hær, sendte Misaka først Fodfolket imod ham, men med Befaling til at det lidt efter lidt skulde trække sig tilbage for Wichman, saaledes at denne blev draget temmelig langt bort fra sin Lejr. Saa faldt Rytteriet over ham bagfra, samtidig med at der blev givet det vigende Fodfolk Tegn til at vende sig imod Fjenderne. Trængt baade forfra og bagfra søgte Wichman at flygte, men hans Forbundsfæller beskyldte ham nu for Forræderi, fordi han først havde ophidset dem til Kamp, men nu, da det kneb, selv

---

[296] En slavisk Guddom, der af Bøhmerne kaldtes Sitiwrat.
[297] Wilinerne hos Adam af Bremen og Helmold. Steenstrup: Venderne og de Danske før Valdemar den Stores Tid, 1900, Side 34, ff., viser, at disse Vuloiner (Wiliner) var et Folk ved Oderrmundingen, at Navnet genfindes i Julin, der ogsaa kaldes Vulin, Willin, og at Wichman sandsynligvis har søgt Hjælp hos den danske Krigerhob i *Jomsborg*.

uden videre søgte at slippe bort paa sin Hest. Han blev da nødt til at staa af Hesten og begyndte at kæmpe tilfods sammen med Forbunds-fællerne, og han kæmpede den Dag som en Mand, og hans Rustning beskyttede ham. Hele Natten derefter gik han, i sin Rustning, et langt Stykke Vej, og sulten og træt naaede han om Morgenen med faa Led-sagere en Gaard. hvor han søgte Tilflugt. Her fandt nogle af de øverste af Fjenderne ham og saa straks paa hans Rustning, at han var en for-nem Mand, og da de spurgte ham, hvem han var, tilstod han, at han var Wichman. De opfordrede ham til at nedlægge Vaabnene og gav ham deres Ord paa, at de vilde føre ham uskadt til deres Herre og ogsaa bevæge ham til at give ham uskadt tilbage til Kejseren. Skønt han var i den yderste Nød, mindedes han sin gamle Rang og Manddom og fandt det uværdigt at overgive sig til saadanne Folk, men bad dem dog melde Misaka, at ham var han villig til at overgive sig til, for ham vilde han nedlægge sine Vaaben. Medens de andre nu gik til Misaka, omringede en talløs Hob Wichman og gik rasende løs paa ham. Skønt han var me-get træt, fældede han dog mange af dem, men tilsidst rakte han sit Sværd til den ypperste af Fjenderne og sagde: »Tag dette Sværd og bring det til din Herre, at det for ham kan være et Vidnesbyrd om Sejr og for at han kan give sin Ven Kejseren det, saa denne kan vide, at han nu kan spotte en falden Fjende eller sørge over en Frændes Død«. Da han havde sagt dette, vendte han sig mod Øst, bad saa godt han kunde paa sit Modersmaal til Herren og gav saa sin arme, syndige Sjæl i den barmhjertige Skabers Haand[298]. Saaledes endte Wichman, og saaledes endte næsten alle, der førte Vaaben mod Kejseren.

70. Da Wichmans Rustning var bleven overbragt Kejseren, og denne havde faaet Vished for, at han var falden, skrev han et Brev af følgende Indhold til Hertugerne og Greverne i Sachsen: »Otto, af Guds Vilje Kejser, Augustus. Hertug Herman og Thiadrik og alle

---

[298] 967, 22. September.

andre vort Riges Høvdinge, vor Gunst. Efter Guds Vilje staar det vel til med os og alt lykkes tilfulde. Der kommer ogsaa Gesandter fra Kongen i Konstantinopel til os, fornemme Mænd, for, saa vidt jeg har forstaaet, at bede om Fred. De vil dog, hvordan det end gaar, ikke vove og ikke faa Guds Hjælp til at føre Krig med os. De vil komme til at give os Provinserne Apulien og Kalabrien, hvis vi ikke bliver enige. Men. hvis de vil lyde vor Vilje, saa vil vi, endnu i Sommer, sende vor Gemalinde og vor Navne-Søn til Franken og selv under Guds Beskærmelse drage afsted over Fraxinetum[299] for at ødelægge Saracenerne, og saaledes kommer vi nok til eder[300]. Desuden er det vor Vilje, at hvis Redarerne, som vi har hørt, har lidt saa stort et Nederlag[301], maa I ingenlunde give dem Fred. — I ved jo, hvor tit de har brudt deres Ord og hvilken Ufærd de har øvet. Derfor maa I raadslaa med Hertug Herman og af alle Kræfter arbejde paa at fuldende eders Værk ved at tilintetgøre dem. Vi vil selv, om det skulde blive nødvendigt, drage imod dem. Vor Søn[302] har paa Herrens Fødselsdag modtaget Kejserkronen af den apostoliske Fader[303]. Givet ved Capua i Campanien d. 18. Januar«[304].

Da dette Brev paa et Folkemøde i Werle var læst op for Fyrsterne og meget Folk, blev det dog vedtaget, at den Fred, der én Gang var sluttet med Redarierne, skulde staa ved Magt, fordi en Krig med Danerne stod for Døren og der ikke var Mandskab nok til at føre to Krige paa én Gang.

71. Da Kejseren stolede paa Grækernes Gesandter, sendte han en Del af Hæren og mange fornemme Mænd til det aftalte Sted,

---

[299] Maaske Garde-Frainet ved Fréjus, i Provence.
[300] Stedet uklart.
[301] Der sigtes vistnok til den S. 126—127 skildrede Krig.
[302] Otto (II), kejserkronet 25. December 967.
[303] Pave Johannes XIII (965—72).
[304] 968.

for der efter Gesandternes Løfter at modtage Pigen[305] og med Ære føre hende til hans Søn. Men Grækerne pønsede paa Svig efter deres Fædres Eksempel — fra Verdens Skabelse saa at sige har de hersket over mange Folk, som de har underlagt sig ved Lumskhed, naar deres Magt ikke strakte til — og de styrtede pludselig løs paa vore Folk, der var ganske uforberedte og intet ondt anede, plyndrede Lejren, dræbte mange og tog mange tilfange, som de endog sendte til deres Kejser i Konstantinopel. Men de, hvem det lykkedes at undfly, vendte tilbage til Kejseren og meldte, hvad der var sket.

72. I sin Harme herover sendte han, for at hævne denne Haan, to udmærkede Mænd, der alt flere Gange havde indlagt sig Fortjeneste saavel i Fejder som i Krig, Günther og Sigfrid, med en stor Hær til Kalabrien. Grækerne, der var opblæste af den nyligt vundne Sejr og uforsigtige, faldt i deres Hænder. En uhyre Mængde af dem blev nedhugget, Resten blev taget tilfange; de fik Næserne afskaaret og fik saa Lov til at drage til Ny-Rom[306]. Grækerne i Kalabrien og Apulien maatte betale Skat, og rig paa Sejr og Fjendebytte vendte Hæren tilbage til Kejseren.

---

[305] Kejser Otto I søgte i Byzans en Hustru til sin Søn Otto (II). En Sendefærd med den Græsk-kyndige Biskop Liudprand af Cremona blev sendt afsted for paa Ottos Vegne at bejle til Prinsesse Theofanu. Datter af Kejserinde Theofanu og Kejser Romanos II. Liudprand har selv givet en meget livlig og interessant Skildring af sin Byzans-Rejse og sit Ophold ved Hoffet. Den da regerende Kejser Nikeforos (963—69) nægtede at lade en Prinsesse af Blodet ægte en Barbar og sagde Tyskerne mange interessante og bitre Sandheder. Syg af Ærgrelse og fuld af Had og Bitterhed maatte Liudprand vende hjem med uforrettet Sag. Men kort efter blev Nikeforos myrdet, 969, og hans Efterfølger, Johannes Zimiskes, indvilgede i Ægteskabet, der indviedes 972. — Widukinds Fremstilling er i det hele lidet nøjagtig.
[306] Konstantinopel.

73. Men da Folket i Konstantinopel hørte, at deres Folk havde lidt et Nederlag, rejste de sig imod deres Kejser[307], og paa hans egen Hustrus[308] Anslag blev han snigmyrdet af en Kriger, som Folket udraabte til Kejser i hans Herres Sted[309]. Den ny Konge gav straks Fangerne fri og sendte Pigen ledsaget af et stort Følge og mange herlige Gaver til Kejseren, der straks overgav hende til sin Søn, hvorpaa Brylluppet fejredes med megen Pragt og under Jubel i hele Italien og Tyskland. Medens dette gik for sig i Italien, styrede Erkebisp Wilhelm[310] af Mainz, en vis og forsigtig Mand, from og vennesæl, Frankernes Rige[311], som hans Fader havde betroet ham.

74. Hans Moder var ganske vist en fremmed Kvinde[312], men af fornem Byrd. Da han havde hørt, at Kejserens Moder, den fromme Mahtilde. var bleven syg og ventede paa at hendes Jordefærd skulde finde Sted, døde han selv[313], saa hans Begravelse gik forud for hendes[314]. Selv om jeg nu ønsker at sige noget til hendes Pris, føler jeg mig dog for svag, fordi denne Kvindes herlige Egenskaber overgaar alt, hvad min svage Aand kan fatte. Thi hvem kan værdigt skildre hendes Aarvaagenhed i at dyrke Gud. Hver Nat fyldte Velklangen af himmelske Hymner af alle Slags til alle Slags Melodier hendes Celle. Thi hendes Celle stødte op til Kirken, og her sov hun en Smule, men stod hver Nat op og gik ind i Kirken, medens alligevel syngende Mænd og Kvinder stod opstillede inde i Cellen, udenfor Døren og paa Vejen, i tre

---

[307] Nikeforos Fokas.
[308] Theofanu (den ældre) var anden Gang gift med Kejser Nikeforos.
[309] Johannes Zimiskes (969-76).
[310] Wilhelm, Otto I's Søn med en slavisk Kvinde, blev Erkebisp i Mainz efter Frederiks Død 954.
[311] ɔ: det østfrankiske Rige, Tyskland.
[312] Slavisk.
[313] 2. Marts 968.
[314] † 14. Marts 968.

Afdelinger, for at love og prise den barmhjertige Gud. Selv forblev hun inde i Kirken under Vaagen og Beden og ventede til Messen. Derefter gik hun til alle dem, hun havde hørt var syge i Nærheden og gav dem hvad de trængte til, saa rakte hun Haanden til de fattige og øste gav-mildt ud til de fremmede. som der altid var nogle af. Ingen lod hun gaa uden et venligt Ord: saa godt som ingen forlod hende uden en Gave eller den Hjælp han trængte til. Mangen Gang sendte hun Mad og Drikke til Vejfarende, som hun fra sin Celle saa i det fjerne. Skønt hun i stor Ydmyghed, ved Dag og Nat, øvede saadanne Gerninger satte hun dog intet til af sin kongelige Værdighed, og som der staar skrevet: »Endskønt hun sad som en Dronning i sit Folks Kres, var hun dog altid de sørgendes Trøsterinde«[315]. Alle sine Hustrælle og Tjenestekvinder oplærte hun i alskens Kunster, ja lærte dem at læse og skrive, thi det havde hun selv med godt Nemme lært efter Kongens Død. Hvis jeg der-for vilde opregne alle hendes Dyder, vilde Tiden ikke slaa til; ejede jeg end Homers og Maros[316] Veltalenhed, jeg vilde komme tilkort. Saale-des, mæt af Dage, mæt af Ære rig paa gode Gerninger og Almisser og efterat have uddelt al sin kongelige Rigdom til Guds Tjenere og Tjener-inder og til de fattige, gav hun Kristus sin Sjæl den 14. Marts. Paa samme Tid døde ogsaa Bernhard[317] efter hele Folkets Udsagn sin Tids værdigste Præst. Ingen vil dadle mig for, at jeg fortæller en from Hi-storie, jeg har hørt om dem, naar jeg ikke svarer for dens Sandhed. Jeg har nemlig hørt af en Eneboer at han, jeg ved ikke om det var i Aanden eller om det var et virkeligt Syn, havde set Dronningens og Bispens Sjæle føres til Himlen, ledsaget af en endeløs Mængde Engle under Lovsange, som ingen Tunge kan gengive.

---

[315] Slgn. Job 29, 25.
[316] Publius Vergilius Maro, romersk Digter.
[317] Biskop i Halberstadt, † 3. el. 4. Febr. 968.

75.

Da Kejseren fik Efterretning om, at hans Moder og hans Søn var død, og ogsaa andre fornemme Mænd — thi ogsaa den store og mægtige Gero var allerede afgaaet ved Døden[318] — besluttede han at opgive Felttoget til Fraxanetum[319] og vende hjem, saa snart Forholdene i Italien var ordnede. Dertil tilskyndedes han ogsaa af et Rygte om, at Flertallet af Sachserne vilde gøre Oprør, noget jeg ikke en Gang mener det Umagen værd at fortælle om, da det ingen Ting betød. Han forlod da Italien, med stor Berømmelse, da han havde taget Longobarderkongen tilfange, overvundet Grækerne og slaaet Saracenerne[320]. Med sine sejrrige Skarer drog han ind i Gallien, for derfra at drage til Tyskland og fejre den forestaaende Paaske[321] i det mindeværdige Quedlinburg. Her samledes en Mængde Mennesker fra de forskellige Egne og fejrede under megen Jubel Faderens og Sønnens Hjemkomst. Kejseren blev der ikke længer end 17 Dage[322] og drog saa til Merseburg for at fejre Kristi Himmelfart. Men under sin Færd i disse Egne ramtes han af den Sorg, at den brave Hertug Herman døde[323]. Mindet om hans Klogskab, Retsind og vidunderlige Skarpsyn i alle Forhold, indre som ydre, vil leve evigt hos alle Mennesker. Senere modtog Kejseren Sendefærd fra Afrika, der kom med Hyldest og Gaver, og lod den blive hos sig[324]. Tirsdag før Pinse[325] kom han til Memleben. Den følgende Nat stod han, som han plejede, op fra sit Leje henimod Daggry og overværede Lovsangen. Derefter hvilede han sig lidt: efter at

---

[318] Gero var allerede død 20. Maj 965.
[319] Mod Saracenerne, jfr. Side 128.
[320] Hvad Widukind her siger er dels unøjagtigt, dels uklart. Man lægge ogsaa Mærke til den grænseløse Forvirring i Tidsfølgen: *a)* Kejserens Moder døde 969. *b)* Gero 965. *c)* Otto vendte hjem fra Italien 972.
[321] 23. Marts 973.
[322] 19 Marts—4. April 973.
[323] 27. Marts.
[324] Herom vides intet nøjere.
[325] 6. Maj.

Messetjenesten saa var forrettet uddelte han, som sædvanligt, Gaver til de fattige, spiste en Smule og hvilede sig igen paa sit Leje. Ved Middagstid kom han ud fra sit Kammer og satte sig glad og munter tilbords. Efter tilendebragt Maaltid overværede han Vesper-Gudstjenesten, men allerede efter at Evangeliet var sunget fik han Febergysninger og blev mat. Da de omkringstaaende Høvdinger saa det. fik de ham til at sætte sig. Han bøjede nu Hovedet, som om han allerede havde tabt Bevidstheden, men de vakte ham tillive igen. Han bad om Guds Legems og Blods Sakramente og fik det, og rolig og uden Klage gav han under Præsternes Bøn og Sang alle Tings milde Skaber sit sidste Aandedrag[326]. Han blev saa baaret hen i sin Seng, og da det alt var silde, forkyndtes hans Død Folket. Og Folket talte mange Lovord om ham og mindedes taknemligt, hvorledes han havde styret sine Undersaatter med faderlig Mildhed, friet dem fra deres Fjender, slaaet de overmodige Fjender Avarerne. Saracenerne, Danerne og Slaverne, undertvunget Italien, nedbrudt Nabofolkenes Afgudstempler, bygget Kirker og oprettet Præsteskab, og under Samtale om mange andre af hans Fortjenester overværede de den kongelige Ligfærd.

76. Da det var bleven Morgen, kappedes de om, ligesom tidligere[327], at række deres Hænder frem mod Kejserens Søn, hele Kirkens eneste Haab, skønt han forlængst var salvet til Konge og af den apostoliske Fader udnævnt til Kejser. De lovede ham Troskab og svor ved deres Riddered at hjælpe ham mod alle hans Fjender. Efter at han saaledes endnu en Gang var valgt til Fyrste af hele Folket, lod han sin Faders Lig føre til den af hans Fader prægtigt opbyggede By Magdeburg. Saaledes døde, den 7de Maj, Onsdag før Pinse, Romernes Kejser,

---

[326] 7. Maj 973.
[327] ɔ: den Gang Otto II hyldedes som Faderens fremtidige Efterfølger. Slgn. Side 64.

Folkenes Konge, og baade Kirken og Folket vil længe bevare mange berømmelige Minder om ham.

Her ender tredie Bog af Sachserkrøniken.

Register

Steds- og Personnavne opføres i deres moderne Form; i særlige Tilfælde gives — i Parentes — Formen hos Widukind; Tallene er Sidetal; N. ɔ: Note.

141

www.heimskringla.no

Heimskringla Reprint er en serie genudgivelser af bøger, som ikke længere er tilgængelige, hovedsageligt norrøne kildetekster og baggrundsmateriale for disse. Serien udgives som en del af projektet Heimskringla – Norrøne Tekster og Kvad, hvis formål er at formidle norrøn litteratur. Projektets hjemmeside – www.heimskringla.no – er i dag den største database med norrøne tekster på internettet.

Udgivelser:

1. Hans Georg Møller: *Den ældre Edda* (dansk)
2. Finnur Jónsson: *Snorre Sturlusons Gylfaginning* (dansk)
3. Finnur Jónsson: *Are Thorgilssons Íslendingabók* (oldislandsk og dansk)
4. Olaf Hansen: *Den ældre Edda* (dansk)
5. Diverse: *Vølvens spådom – en antologi* (oldislandsk, dansk, norsk, svensk)
6. Finnur Jónsson: *Kongespejlet – Konungs Skuggsjá* (dansk)
7. Erik Brate: *Eddan – De nordiska guda– och hjältesångerna* (svensk)
8. Gudmundur Thorlaksson: *425 norsk–islandske skjalde* (dansk)
9. Vilhjálmur Finsen: *Grágás – Islændernes lovbog i fristatens tid* (dansk)
10. Adolf Hansen: *Bjovulf og Kampen i Finsborg* (dansk)
11. Finnur Jónsson: *Den islandske litteraturs historie tilligemed den oldnorske* (dansk)
12. Axel Olrik: *Ragnarok* (dansk)

13. Vilhelm B. Hjort: *Den gamle Edda* (dansk)
14. Gísli Brynjúlfsson: *Tristram ok Ísönd*
    – *en riddersaga på oldislandsk og dansk* (norrønt og dansk)
15. Knut Rage: *Chronica Regum Manniæ et Insularum*
    – *Krøniken om kongane og biskopane på Man* (norsk)
16. Gustav A. Gjessing: *Den ældre Edda*
    – *Norrøne oldkvad fra vikingetiden* (norsk)
17. Finnur Jónsson: *De gamle eddadigte*
    – *Første del: Gudedigtene* (norrønt og dansk)
18. Finnur Jónsson: *De gamle eddadigte*
    – *Anden del: Heltedigtene* (norrønt og dansk).
19. Jesper Lauridsen: *Snorres Edda – Uddrag af Edda Snorra Sturlusonar* (dansk)
20. Axel Olrik: *Nordisk åndsliv i vikingetid og tidlig middelalder* (dansk)
21. Magnus Fredrik Lundgren: *Språkliga intyg om hednisk gudatro i Sverige* (svensk)
22. Vilhelm Grønbech: *Vor folkeæt i oldtiden, bind 1* (dansk)
23. Vilhelm Grønbech: *Vor folkeæt i oldtiden, bind 2* (dansk)
24. Louis Moe: *Ragnarok – en billeddigtning* (dansk)
25. Frederik Winkel Horn: *Den ældre Edda* (dansk)
26. Valtýr Guðmundsson: *Island i fristatstiden* (dansk)
27. Vilhelm Grønbech: *Nordisk religion og Religionsskiftet i Norden* (dansk)
28. Georg F. W. Lund: *Oldnordisk litteratur - En kort oversigt* (dansk)
29. Kristian Kålund: *Sturlunga saga 1* (dansk)
30. Kristian Kålund: *Sturlunga saga 2* (dansk)
31. Kristian Kålund: *Sturlunga saga 3* (dansk)
32. Bertil Chr. Sandvig: *Sæmunds Edda* (dansk)
33. Beda/Kragballe: *Beda: Anglernes kirkehistorie – Anno 731* (dansk)
34. Finnur Jónsson: *Tilnavne i den islandske oldlitteratur* (dansk)
35. Fredrik Sander: *Eddaen – Sämund den Vises Skaldeværk* (svensk)
36. Finnur Jónsson: *Lexicon Poeticum*
    – *Ordbog over det norsk-islandske skjaldesprog* (oldislandsk og dansk)
37. Finnur Jónsson: *Den norsk-islandske skjaldedigtning, bind 1* (oldislandsk og dansk)

38. Finnur Jónsson: *Den norsk-islandske skjaldedigtning, bind 2* (oldislandsk og dansk)
39. Ivar Mortensson-Egnund: *Edda-Kvæde – Norrøne fornsångar* (norsk)
40. Fredrik Paasche: *Møtet mellom hedendom og kristendom i Norden* (norsk)
41. Widukind/Jacobsen: Widukinds Sakserkrønike (dansk)

———————————————

Læs mere om de enkelte titler her: https://heimskringla.no
Eller bestil bøgerne direkte her: https://www.bod.dk/bogshop/